Usabilidad Web

Teoría y uso

Usabilidad Web

Teoría y uso

Pablo E. Fernández Casado

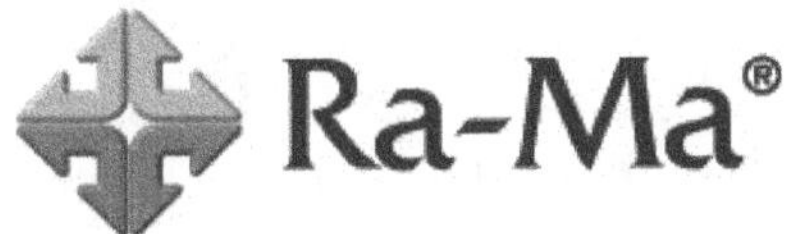

Usabilidad Web. Teoría y uso

Editado por:
RA-MA Editorial
Madrid, España

Colección American Book Group - Informática y Computación - Volumen 1.
ISBN No. 978-168-165-695-3
Biblioteca del Congreso de los Estados Unidos de América: Número de control 2019934908
www.americanbookgroup.com/publishing.php

Maquetación: Antonio García Tomé
Diseño de portada: Antonio García Tomé
Arte: Jannoon028 / Freepik. Macrovector / Freepik

A Elena, mi esposa, la persona que más quiero,
que cuida de mí y siempre me ha apoyado.

A mi madre, que me enseñó a afrontar
lo más dificícil, superar la pérdida y el cambio.

A José Luis Arcas, por ser mi mejor crítico y aliado.

A Merche y Pepe, por ayudarme en los momentos difíciles
y enseñarme que la familia es una colaboración
y no una imposición.

A mi padre, porque ya desde pequeño
me hizo como soy.

A Ricardo Cabello y Félix Clavain
por su confianza.

Otros títulos de la Colección ABG-Ra-Ma: "Conoce todo sobre...":

- Aplicaciones Google
- Aplicaciones gráficas con Python 3
- Arduino. Guía práctica de fundamentos y simulación
- Autocad 2017 Curso Práctico
- Blender, Curso Práctico
- C # Básico
- C ++ Básico
- C/C++ Curso de programación
- Calidad de Sistemas de Información
- Creación de un sitio web con PHP y MySQL
- Criptografía sin secretos con Python
- Curso de Narrativa en Videojuegos
- Desarrollo de aplicaciones Android con JAVA
- Desarrollo de aplicaciones mediante el Framework de Spring
- Desarrollo de Bases de Datos: casos prácticos desde el análisis a la implementación
- Diseño de Videojuegos
- Domestica tu Mac
- Domine Microsoft Office 2013
- Enciclopedia de la Seguridad Informática
- Enciclopedia de Microsoft Visual C#. Interfaces gráficas y aplicaciones para Internet con Windows Forms y Asp.Net
- Estructuras de Datos Dinámicas
- Excel 2013 avanzado
- Excel 2016 Avanzado
- Excel 2016. Paso a paso
- Fundamentos de programación con AL-EXA. Proyectos para la automatización y aplicaciones
- Hackers. Aprende a atacar y defenderte
- Hacking con Ingeniería Social. Técnicas para hackear humanos
- Hacking ético con herramientas Python
- Hacking práctico de redes Wifi y radiofrecuencia
- Hacking práctico en Internet y redes de ordenadores
- Hacking y seguridad de páginas Web
- Hibernate. Persistencia de objetos en JEE
- HTML5, CSS3 y JQuery
- Informática Básica para Mayores
- Java 2. Curso de Programación
- Java y C++ Paso a Paso
- JAVA. Interfaces gráficas y aplicaciones para Internet
- Kali Linux
- Microsoft Windows PowerShell
- Microsoft Windows Server 2016
- Minecraft Descubre un nuevo mundo
- Office 2016. Curso Práctico
- Photoshop CS6. Superfácil
- Programación shell. Aprende a programar con más de 200 ejercicios resueltos
- Python 3. Curso Práctico
- Python Paso a Paso
- Raspberry Pi Fundamentos y Aplicaciones
- REDES CISCO. Guía de estudio para la certificación CCNA Routing y Switching
- Redes de ordenadores e Internet: Funcionamiento, servicios ofrecidos y alternativas de conexión
- Reversing, Ingeniería Inversa
- Seguridad Digital e Informática
- Seguridad en aplicaciones Web Java
- Seguridad Informática. Básico
- Seguridad perimetral, monitorización y ataques en redes
- Social Media. 250 consejos prácticos para diseñar tu estrategia en las redes sociales
- Social Media. Herramientas y Estrategias Empresariales
- Tablas dinámicas con Excel 2016
- UML. Aplicaciones en Java y C++
- Unity 2017.X Curso Práctico
- Usabilidad Web. Teoría y uso
- Windows 10
- Windows 10 Anniversary Update Paso a Paso
- WordPress Profesional Edición 2017

ÍNDICE

AUTOR

Ingeniero informático, músico compositor, filántropo, escritor y profesor.

A la edad de 14 años descubrí mi vocación casi por accidente y, un año más tarde, empecé a programar de forma autodidacta. Pocos años después, en 1992, realicé un software de aprendizaje de cardiología para los estudiantes de la Universidad Complutense de Medicina de Madrid mientras continuaba formándome como profesional. Posteriormente estuve dando clases a jóvenes en la academia Santillana, trabajando como Administrador de Sistemas y como Técnico de reparación de ordenadores hasta que, en 1996, empecé la Ingeniería Técnica de Sistemas Informáticos.

Paralelamente, empecé a realizar proyectos de I+D sobre nuevas tecnologías, redes sociales, servicios, e-commerce, seguridad, SEO y movilidad con fines no lucrativos. Después de muchos altibajos que marcaron mi vida personal y profesional en 2008 empecé a trabajar para Hewlett Packard como Full Stack Developer en Soluciones Integrales de Administración IT, administración de sistemas y desarrollo de aplicaciones web. Desde 2011 hasta 2014 estuve trabajando en varias empresas realizando diseño, desarrollo interfaces de programación de aplicaciones, integración con otras plataformas y servicios, SEO Orgánico, analítica Web y análisis funcional hasta que aterricé en Sopra-Steria, donde poco a poco fui entrando en la Experiencia de Usuario, Usabilidad y Accesibilidad Web hasta que, actualmente, soy el Responsable de UX del Sector Público y Retail.

PREFACIO

Cuando se habla de usabilidad, se está hablando de experiencia de usuario (UX) ya que es una de las partes o elementos que forma el conglomerado que dan sentido al término. En la experiencia de usuario, todos los elementos interactúan con los usuarios proporcionando un conocimiento emocional sobre ellos y a ese proceso se le denomina experiencia de usuario.

De todas esas partes que intervienen, la usabilidad es una de las que destaca ya que puede marcar la diferencia entre el éxito o el fracaso. Tanto es así que Rex Hartson en 1998 afirmó, "para la mayoría de los usuarios la interfaz es la aplicación". Si esta afirmación se piensa un poco, se llega a la conclusión de que si para la mayoría de los usuarios, la parte que ven y con la que interactúan (la interfaz) es la parte que decide su uso, la interfaz, es lo que define el éxito o el fracaso de un producto.

Pero la usabilidad no solo se reduce a lo que perciben los sentidos, puede llegar a especificar o descartar una arquitectura, definir una estrategia de contenidos o, incluso, llegar a decidir lo que es y no es accesible.

La semántica web es una de esas cosas que las personas podrían pensar que no tiene nada que ver con la usabilidad, nada más lejos de la verdad.

La W3C dice, la web Semántica proporciona un valor añadido al usuario para encontrar respuestas a sus preguntas de forma más rápida y sencilla, todo ello, gracias a una información mejor definida. Al dotar a la Web de más significado y, por lo tanto, de más semántica, se pueden obtener soluciones a problemas habituales en la búsqueda de información gracias a la utilización de una infraestructura común, mediante la cual, es posible compartir, procesar y transferir información de forma sencilla.

Solo con esta definición, ya se puede afirmar que si simplifica y facilita el acceso a la información de una forma más rápida y efectiva, la web semántica tiene mucho que ver con la usabilidad web.

Sin embargo, como se ha dicho antes, el término usabilidad va mucho más allá porque si el contenido es de calidad, los usuarios obtendrán satisfacción y, si eso se produce regresarán. Los contenidos, por tanto, es otro de los factores clave en la usabilidad porque, un usuario puede no llegar a comprender bien el mensaje y causarle un efecto negativo o una frustración.

Para evitar ese efecto negativo se debe ser claro y utilizar un vocabulario adecuado y, si la necesidad lo requiere, se puede recurrir a otro tipo de herramientas como es la accesibilidad.

La accesibilidad es otra de esas cosas que, normalmente, no se tienen muy en cuenta y, sin embargo, mejora sustancialmente la usabilidad porque, si algo es usable puede no ser accesible pero, si algo es accesible, seguro, es usable.

La accesibilidad define una serie de normas o estándares que permiten a los usuarios con discapacidad hacer uso de las funcionalidades de las interfaces o sistemas de forma eficiente. Por eso, se debe tratar de garantizar.

La forma de garantizar la accesibilidad puede realizarse a través de varios métodos o estándares aunque, uno de los más conocidos y extendidos es el WAI-ARIA. Este estándar indica cómo hacer accesibles los contenidos y aplicaciones web, proporciona un marco de trabajo complementario basado en estructuras más semánticas, aporta mejoras en la navegación a través de atajos de teclado, controles complejos (widgets) más accesibles y nuevos atributos para conseguir una mayor accesibilidad para el contenido dinámico.

En España, el estándar que se utiliza es la UNE 139803:2012. Es una guía equivalente a la WCAG 2.0 y está aprobada por la Asociación Española de Normalización y Certificación (AENOR).

CONTENIDO

La obra consta de 7 capítulos y un anexo. El Capítulo 1 introduce el concepto de la interacción persona-ordenador y de la usabilidad.

El Capítulo 2 se explica de forma resumida la Ingeniería de la Usabilidad y unos cuantos conceptos previos antes de entrar en materia.

En el Capítulo 3 se cuentan los principales principios de usabilidad según los diferentes autores.

En el Capítulo 4 se aborda que son algunas de las métricas más utilizadas en la medición de usabilidad y cómo recuperar los valores con sus respectivas fórmulas, si es que la tienen.

En el Capítulo 5 se estudian los diferentes métodos que se pueden aplicar para la evaluación de la usabilidad, en cualquier fase del proyecto.

El Capítulo 6 se explican, paso a paso, los principales aspectos a tener en cuenta cuando se pretende realizar un desarrollo bajo la idea de ser usable y, a veces, accesible.

El Capítulo 7 es una introducción a la accesibilidad Web que se centra, sobre todo, en aplicar las pautas de la normativa WCAG2.0.

Se incluyen también un anexo que resume los principales estándares y normas ISO aplicables en proyectos web.

ORIENTACIÓN A LOS LECTORES

Todo lo que expone este libro es información que está disponible o en otros libros o en Internet con la diferencia de que está estructurado y pensado desde un punto de vista más didáctico. El objetivo del libro es explicar qué sentido tiene la usabilidad, para qué sirve y cómo implementarla y evaluarla. Desde esta fuente de información se puede tomar una idea de lo que, en un momento dado, se necesita e ir más tarde a otras fuentes más específicas dónde profundizar en cada uno de los temas, si se requiere.

Se han eliminado determinadas secciones que, en un principio, se habían considerado interesantes pero, dado que no se han obtenido los permisos necesarios para poder exponer dichos contenidos se ha optado por eliminarlos para evitar futuros problemas.

Se ha intentado localizar a todas las partes implicadas a las que les podría afectar la publicación de este libro, a veces sin éxito. A este respecto se ha intentado seguir el principio de licitud ya que, bajo ninguna circunstancia, querría eliminar o revocar los derechos de otros autores que tanto me han enseñado y admiro y que, porque no decirlo, son la razón de que me dedique a la Usabilidad y Experiencia de Usuario.

Dado que el conocimiento exhaustivo de la usabilidad web lo tienen unos pocos expertos con una gran experiencia detrás y dado que, como se decía antes, no hay una documentación localizada en una única fuente, el propósito de este libro es divulgar la información para que cualquiera que quiera iniciarse en el mundo de la usabilidad web pueda hacerlo aunque, eso sí, es posible que se deban tener unos conocimientos previos de informática y programación para poder comprender algunos aspectos en profundidad.

Este libro va dirigido a:

- Alumnos de grado y postgrado de Informática, Sistemas de Información, Ingeniería del Software, Servicios, etc.
- Profesionales informáticos que estén trabajando en el área del desarrollo de aplicaciones móviles y sistemas web.
- Projects Manager o Team Leaders que tengan entre sus responsabilidades el desarrollo y mantenimiento de sistemas.
- Desarrolladores y diseñadores que quieran o deseen adquirir conocimientos más específicos sobre las técnicas y metodologías más utilizadas para asegurar la usabilidad.

AGRADECIMIENTOS

Querría dar mi más sincero agradecimiento a todas las personas que han hecho posible que yo pueda escribir este libro.

En primer lugar, a Jakob Nielsen, Bruce Tognazzini, Ben Shneiderman, Donald Norman, Steve Krug, Jenny Preece, Simpson, etcétera porque, gracias a ellos, yo me dedico a esto.

A Olga Carreras de UsableyAccesible por su interés y ayuda en la obra.

A Bruce Tognazzini por su consentimiento para escribir sobre sus Principios de Usabilidad.

A Martin Alvarez-Espinar de la W3C España por su consentimiento para escribir sobre las Pautas de Accesibilidad para el Contenido Web y demás temas diversos que conciernen a la organización.

A Miles Macleod, Rosemary Bowden y Nigel Bevan de usabilitynet.or por su consentimiento para escribir sobre el método MUSiC.

1

INTRODUCCIÓN

"La usabilidad no es una opción, es un requerimiento"

Pablo E. Fernández

1.1 LA INTERACCIÓN PERSONA-ORDENADOR (IPO/HCI)

En términos generales, la interacción persona-ordenador (en inglés Human –Computer Interaction) se podría definir como una disciplina que estudia cómo realizar el intercambio de información entre una máquina y una persona a través de un producto de software. En 1989 Booth definió esta interacción como un "intercambio de signos entre dos o más partes, asignando los participantes en el proceso comunicativo los significados a esos signos".

La interacción hombre-ordenador también se puede definir como el estudio de cómo las personas interactúan con los ordenadores y en qué medida, estos, están o no desarrollados para tener una interacción exitosa con los seres humanos.

La IPO/HCI surge de la ergonomía, una disciplina que estudia la forma de diseñar lugares de trabajo, herramientas y tareas para que se adapten a las características físicas y psicológicas del trabajador o el usuario.

La ergonomía es una rama de la psicología aplicada que permite estudiar la organización de los controles y las pantallas realizando agrupaciones funcionales, secuenciales o por frecuencia. También permite estudiar aspectos de salud que afectan a la calidad de la interacción, el entorno físico donde se interactúa y el uso de colores fácilmente distinguibles.

Históricamente y con algunas excepciones, los desarrolladores de sistemas informáticos no han prestado mucha atención a la facilidad de uso de los ordenadores. Muchos usuarios argumentarían hoy día que los fabricantes todavía no están prestando suficiente atención para hacer que sus productos sean "fáciles de usar". Sin embargo, los desarrolladores de sistemas informáticos podrían argumentar que los ordenadores son productos extremadamente complejos de diseñar y fabricar y que la demanda de los servicios que los sistemas pueden ofrecer siempre ha superado la demanda de la facilidad de uso.

Este punto de discordia entre usuarios, desarrolladores y fabricantes se produce porque cada persona o usuario forma diferentes concepciones mentales sobre cómo debe de ser la interacción, tienen diferentes formas de aprender y mantener el conocimiento y/o habilidades y pueden, incluso, tener posibles diferencias culturales y sociales.

Por lo tanto, la interacción Persona-Ordenador, es también una disciplina que contempla, entre otros, aspectos psicológicos, sociológicos, de diseño y de la ciencia computacional teórica.

El objetivo de esta disciplina es, fundamentalmente, proporcionar métodos para diseñar, implementar y evaluar los dispositivos tecnológicos de interacción. Esos métodos tienen como fin, alcanzar el mínimo número de errores, minimizar el tiempo de ejecución, incrementar la facilidad de uso y disminuir las posibles frustraciones de los usuarios. En pocas palabras, que máquina y hombre estén en armonía.

Las IPO/HCI se agrupan en dos áreas de conocimiento, visual y auditiva.

- El área visual cubre el reconocimiento facial, el reconocimiento de gestos, el seguimiento de los movimientos del cuerpo y el seguimiento de los movimientos de los ojos.
- El área auditiva cubre el reconocimiento de voz, el análisis de la emoción del audio y la detección de ruido.

Los primeros estudios específicos de IPO/HCI aparecieron en los años sesenta y se referían a la simbiosis Persona-Ordenador.

1.1.1 Principios de interacción de Licklider y Clark

En 1962, Joseph Licklider y Wesley Clark, afirmaron que la problemática de la interacción era conseguir que los ordenadores se anticipasen y participaran.

De hecho, elaboraron 10 principios para tratar de conseguir que esa interacción fuese posible. Ellos los propusieron con otra terminología y aquí se exponen en un contexto más actual, pero son los mismos.

1. Que las máquinas debían ser multiproceso y/o multihilo.
2. Que las máquinas tuviesen una forma de comunicarse con los usuarios a través de una pantalla y un teclado.
3. Que la interacción fuese en tiempo real, a partir de RTOS.
4. Que las máquinas tuviesen discos de almacenamiento masivo y que fuesen muy rápidos para poder recuperar los datos de forma muy rápida y eficiente.
5. Que hubiese una cooperación interdepartamental a través de unos métodos efectivos en las empresas y organizaciones.
6. Que la máquina tuviese la capacidad de realizar reconocimiento de voz, reconocimiento óptico de caracteres e introducción manual de datos.
7. Que la máquina fuese capaz de comprender el lenguaje natural, tanto sintáctica como semánticamente.
8. Que la máquina fuese capaz de reconocer a todos los usuarios por la voz.
9. La investigación y desarrollo de una teoría científica para determinar el contenido de la información de una forma más simple.
10. Una programación más disciplinada a partir de uno principios generales y globales.

Llama mucho la atención que hace más de 50 años, Licklider y Clark no se equivocaran en la mayoría de sus reflexiones, ¿verdad?.

1.1.2 Principios para el diseño de sistemas interactivos de Hansen

En 1971, Wilfred J. Hansen, proporcionó los que se consideran los cuatro primeros principios sobre el diseño de sistemas interactivos.

1. Diseñar bajo el canon del usuario que a utilizar el sistema o interfaz.
2. Evitar, en la medida de lo posible, que el usuario utilice su memoria ya que olvida con facilidad. El sistema es el que debe ayudarle en la selección

de elementos, establecer un comportamiento predecible y proporcionarle toda la información.

3. Optimizar las operaciones que se realizan en el sistema para que su uso sea lo más mecánico posible.

4. Proporcionar al usuario mensajes de error coherentes y compresibles, prevenir los errores más frecuentes, permitir que las acciones sean reversibles y garantizar la integridad de los datos en el hipotético caso del sistema tenga un fallo físico o lógico.

1.1.3 La interfaz de usuario

Muchos han intentado definir el concepto de interfaz de usuario, unos de forma más perspicaz, otros de forma más desenfadada pero, al final, todos llegan a lo mismo. La interfaz es la parte de la interacción que los usuarios perciben con sus sentidos.

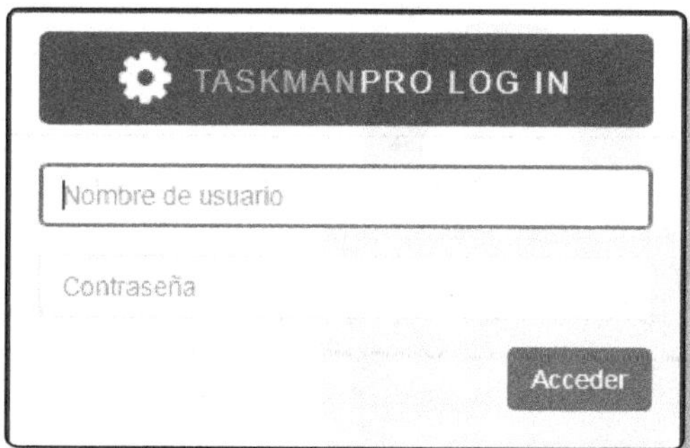

Figura 1.1. Ejemplo de interfaz de entrada a una aplicación

En general el éxito o fracaso de una interfaz viene predefinida por su facilidad de uso. Para conseguir esto, hay que tener en cuenta los factores físicos y cognitivos de los usuarios intentando transmitir una sensación de control total sobre ella.

En general, las interfaces de usuario pueden ser clasificadas por el número de canales de E/S.

- **Unimodales**: Únicamente disponen de un canal de E/S.
- **Mutimodales**: Disponen de varios canales, lo que permite manipular el sistema de forma más eficiente.

También pueden ser clasificadas por la forma de interactuar:

- **Interfaz de línea de comandos**: Solo permite la interacción a través de instrucciones escritas. Se la suele denominar consola de comandos.
- **Interfaz gráfica de usuario**: Permite la interacción de forma intuitiva y eficiente representando de forma gráfica los elementos de control y medida.
- **Interfaz natural de usuario**: Permite la interacción de forma natural sin tener que recurrir a dispositivos de E/S como el ratón o la pantalla. La comunicación o interacción se realiza a través de movimientos gestuales (como Kinect de Xbox 360) o del reconocimiento de la voz (como Siri de Apple).

Figura 1.2. Evolución de las interfaces de usuario. Autor: Marcecoro (Commons Wikipedia, 2017)

Las principales funciones de una interfaz de usuario son:

- Puesta en marcha y apagado.
- Control de las funciones manipulables del sistema.
- Gestión y administración de archivos y directorios.
- Herramientas de desarrollo de aplicaciones.
- Comunicación entre sistemas.
- Proporcionar información de estado.
- Permitir la configuración de la propia interfaz y entorno.
- Intercambiar datos entre aplicaciones.
- Control de acceso.
- Sistema de ayuda interactivo.

1.2 LA USABILIDAD

1.2.1 Qué es la usabilidad

La usabilidad es un término que no forma parte del diccionario de la Real Academia Española (RAE), aunque es bastante habitual en el ámbito de la informática y la tecnología.

Según la Wikipedia, el término Usabilidad se refiere a la facilidad con que las personas pueden utilizar una herramienta particular o cualquier otro objeto fabricado por humanos con el fin de alcanzar un objetivo concreto. La usabilidad también puede referirse al estudio de los principios que hay tras la eficacia percibida de un objeto.

En interacción persona-ordenador, la usabilidad se refiere a la claridad y la elegancia con que se diseña la interacción con un programa de ordenador o un sitio web. El término también se usa a menudo en el contexto de productos como la electrónica de consumo o en áreas de comunicación, y en objetos que transmiten conocimiento (libro de recetas) o al diseño eficiente de objetos mecánicos (un martillo).

El grado de usabilidad de un sistema es, por su parte, una medida empírica y relativa de la usabilidad del mismo. Se mide a partir de pruebas empíricas y relativas.

- **Empírica** porque no se basa en opiniones o sensaciones, sino en pruebas de usabilidad realizadas en laboratorio u observadas mediante trabajo de campo.
- **Relativa** porque el resultado no es ni bueno ni malo, sino que depende de las metas planteadas (por lo menos el 80% de los usuarios de un determinado grupo o tipo definido deben poder instalar con éxito el producto X en N minutos sin más ayuda que la guía rápida) o de una comparación con otros sistemas similares.

El concepto de usabilidad se refiere a una aplicación (informática) de (software) o un aparato (hardware), aunque también puede aplicarse a cualquier sistema hecho con algún objetivo particular.

El modelo conceptual de la usabilidad, proveniente del diseño centrado en el usuario, no está completo sin la idea utilidad. En inglés, utilidad + usabilidad es lo que se conoce como USEFULNESS.

Jakob Nielsen definió la usabilidad como el atributo de calidad que mide lo fáciles que son de usar una interfaz o sistema.

Según la ISO/IEC 9126 y la ISO/IEC 9241 la usabilidad es una medida de efectividad, eficiencia y satisfacción referida a la capacidad que posee un software para ser comprendido, aprendido, utilizado y seductor para el usuario dentro de un contexto de uso específico.

Para mí, la usabilidad el resultado de la satisfacción obtenida a partir de la suma de la satisfacción que obtiene cada usuario al utilizar un interfaz o sistema. A mayor número de usuarios satisfechos, mayor usabilidad.

En resumen, una interfaz usable es aquella que es atractiva y en la que los usuarios pueden interactuar de la forma más sencilla, cómoda, evidente y segura posible. Un sistema o interfaz usable denota calidad, genera confianza y se posiciona positivamente sobre otras alternativas.

La usabilidad tiene como factores clave aumentar la eficacia, la eficiencia y la satisfacción. Estos factores clave se pueden desglosar en:

1.2.2 Usabilidad objetiva o inherente

Aquella que puede ser evaluada por observación del usuario mientras realiza tareas de interacción u otros métodos tradicionales. La usabilidad objetiva o inherente mide la eficacia (facilidad con la que los usuarios encuentran lo que buscan) y la eficiencia (tiempo que tardan en encontrar lo que están buscando).

1.2.3 Usabilidad subjetiva o aparente

Indica la usabilidad percibida o la satisfacción de uso y es difícil de entender y evaluar. La usabilidad subjetiva o aparente trata de medir la satisfacción que el usuario obtiene tras realizar una tarea por la interfaz o sistema.

1.2.4 Cómo se puede asegurar la usabilidad

La usabilidad es una labor que está asociada a la calidad de los productos o sistemas, incluyendo las interfaces. La usabilidad no debe ser algo adicional o complementario a los diseños o desarrollos. Mejora la imagen que tienen los usuarios de la marca puesto que aumenta su satisfacción y, por lo general, esto se traduce en un incremento de los beneficios de la organización.

La usabilidad se asegura si el producto empatiza con los usuarios finales en todo momento, tiene un desarrollo iterativo e incremental y se realizan test de usabilidad con las métricas cuantitativas y cualitativas definidas desde que se inicia el proyecto.

2

INGENIERÍA DE LA USABILIDAD

"Existen 2 formas de desarrollar un diseño de software: Una es hacerla tan simple que obviamente no haya deficiencias, y la otra es que sea tan complicada que no existan deficiencias obvias. El primer método es mucho más difícil"

C.A.R. Hoare

La ingeniería de la usabilidad es un término que fue utilizado por primera vez por la empresa DEC (Digital Equipment Corporation) en los años 80 y popularizada por Jakob Nielsen en los años 90. Se puede definir como un conjunto de conceptos y técnicas para planificar, realizar y verificar los objetivos usabilidad en un sistema. Estas técnicas especifican unos objetivos o valores cuantitativos de usabilidad que se desean cumplir y, posteriormente, se construye el sistema para alcanzar dichos objetivos.

Según Granollers i Saltiveri, la Ingeniería de la Usabilidad es una aproximación metodológica que permite desarrollar aplicaciones interactivas teniendo como objetivo preferente la facilidad de uso o usabilidad.

El objetivo de las técnicas de la ingeniería de la usabilidad es alcanzar un producto de software que sea lo más usable posible.

La ingeniería de la usabilidad divide el ciclo de vida en tres etapas: Especificación, Diseño y Evaluación.

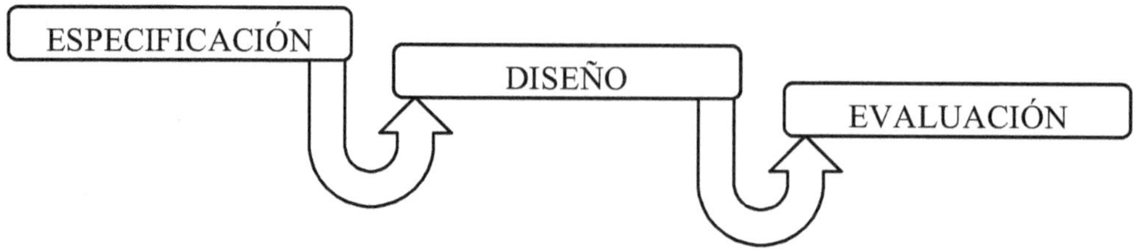

Figura 2.1. Ciclo de vida de la Ingeniería de la usabilidad

2.1 ESPECIFICACIÓN

En esta primera etapa se establecen los objetivos que se pretenden alcanzar y que definirán el proceso de desarrollo.

2.1.1 Análisis del perfil de los usuarios

El primer requerimiento es conocer a los usuarios, qué tareas desempeñan y cómo las realizan. Para ello, se utilizan métodos de indagación que permiten identificar los requerimientos y ayudan a extraer las consideraciones con mayor impacto que influyen o pueden influir en la usabilidad del sistema.

2.1.2 Identificación de las tareas

Se especifica cómo se van a estructurar las tareas, cómo van a ser realizadas por los usuarios, cómo se van a ordenar y sincronizar, cómo se va a compartir la información a través de ellas, cómo verificar su cumplimiento y cuáles son las necesidades que se requieren para realizarlas.

2.1.3 Especificaciones de usabilidad

Se definen los objetivos cuantitativos y cualitativos que se deberán cumplir. Estos objetivos suelen venir predefinidos en la fase de identificación de las tareas y pueden ser valorados durante la fase de pruebas.

2.2 DISEÑO

Esta etapa utiliza un método de diseño iterativo y de prototipado rápido, que se va testando y enriqueciendo en cada iteración para aumentar la satisfacción del usuario.

2.2.1 Diseño de la interacción

El esquema de diseño de la interacción utilizado se podría decir que consta de una fase de diseño conceptual y otra de diseño visual.

2.2.1.1 DISEÑO CONCEPTUAL

El diseño conceptual define cómo se va a organizar y cómo va a funcionar el sistema. Es importante que el diseño sea legible y compresible, que no genere dudas, puesto que los usuarios no suelen ser expertos en informática y pueden no llegar a entender lo que en él se expone.

2.2.1.2 DISEÑO VISUAL

Se crea una representación conceptual gráfica de la interfaz del sistema a partir de los resultados obtenidos en los análisis y los objetivos prefijados.

2.2.2 Prototipado

Un prototipo es una representación limitada, una primera aproximación con algunas funcionalidades de lo que podrá llegar a ser el producto o sistema.

Los usuarios no entienden de modelos conceptuales ni de organigramas. Necesitan tener algo palpable que "poder tocar" para ver si se ajusta o no a sus necesidades. Por esta razón se crean prototipos, para puedan adquirir una visión más real de lo que es y podrá llegar a ser el sistema a desarrollar.

Los métodos para elaborar los prototipos pueden muy diversos, sin embargo, deben estar muy enfocados al usuario. Según sea su grado de involucración, se deberá tender a un más a Diseño Centrado en el Usuario o a un Diseño Participativo.

2.2.3 El diseño centrado en el usuario (DCU)

Si el producto está destinado a cubrir unas necesidades concretas de los usuarios lo mejor es centrar todo el desarrollo en ellos. Este tipo de diseño requiere utilizar unos métodos, técnicas y procedimientos concretos y se caracteriza porque durante todo el desarrollo, desde que el prototipo se encuentra disponible, está supervisado por los usuarios finales. De esta forma se consigue un mayor grado de satisfacción.

2.2.3.1 DESIGN THINKING

El Design Thinking es una metodología de DCU que se basa en innovar con la idea inicial de satisfacer a los usuarios y consta de 6 fases que están relacionadas en ambos sentidos.

2.2.3.1.1 Etapas de la metodología Design Thinking

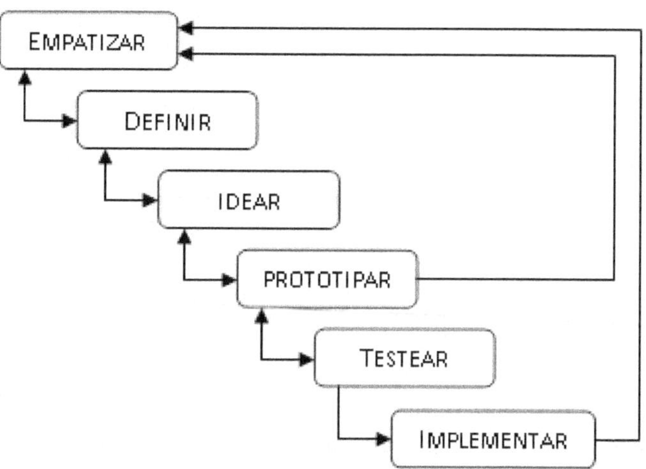

Figura 2.2. Etapas de la metodología Design Thinking

- **Empatizar**: Esta fase trata de empatizar con los usuarios comprendiendo su entorno y sus necesidades.
- **Definir**: En esta etapa, una vez conocidas las necesidades de los usuarios, se especifican los problemas, limitaciones y desafíos que se tienen que resolver dentro de un cuadro innovador. Si existen dudas se debe volver a la fase de empatía para terminar de entender las necesidades y deseos de los usuarios.

- **Idear**: En esta etapa se basa en el brainstorming o tormenta de ideas para conseguir el mayor número de opciones posibles. Aquí no se deben tener prejuicios de valor ni menospreciar a ninguna persona ya que las soluciones pueden venir de cualquier integrante, sea usuario final, desarrollador senior, becario o cualquier otro. Podría darse el caso de que las ideas tuviesen que redefinirse y, entonces, se regresaría a la etapa anterior.
- **Prototipar**: En esta fase es dónde se construye un modelo a partir de las ideas extraídas en la fase de idealización. Este modelo debe ser una solución tangible que permita recolectar la máxima cantidad de información con el mínimo esfuerzo. Se debe tratar de que no consuma demasiados recursos ni tiempo para poder entrar cuanto antes en la etapa de testeo. Si se encuentra alguna necesidad no definida se puede a la etapa de empatía o a la como a la de idealización, según sea necesario.
- **Testar**: En esta etapa se recupera el feedback de los usuarios finales que están probando el producto. Una vez se tengan las conclusiones, se incorporarán al sistema para mejorar el producto.

2.2.3.2 ESQUEUMORFISMO

El esqueumorfismo es otra técnica de diseño centrada en el usuario que se está utilizando cada vez más. Su origen proviene del griego y viene a significar algo como "forma de herramienta".

Figura 2.3. Ejemplo de esqueumorfismo. Autor: Klaus Göttling (Commons Wikipedia, 2017)

Cuando se utiliza en el área del diseño trata de conseguir que el diseño de una interfaz sea lo más realista o parecida posible al objeto original que imita.

Un ejemplo típico de esqueumorfismo es el micrófono dibujado que aparece en algunas aplicaciones móviles de grabación de voz o una casilla de verificación que parece un interruptor de la luz.

Sin embargo, este concepto no solo se aplica a temas visuales, se puede aplicar a más ámbitos. También el sonido que hace una cámara analógica es un ejemplo de esqueumorfismo ya que los dispositivos móviles lo utilizan como indicador de que se ha realizado una fotografía.

2.2.4 Diseño participativo o cooperativo (DPoC)

Si el producto está destinado a cubrir unas necesidades más genéricas que contemplan varios tipos de usuarios o roles, lo mejor es utilizar un diseño participativo. Este enfoque trata de conseguir que todas las partes involucradas cooperen con el fin de asegurar la calidad final del producto.

Aquí los usuarios actúan como consejeros técnicos, es decir, son los que proporcionan las indicaciones de lo que se puede y no se puede hacer.

Dado que el DPoC es un enfoque que se basa en acuerdos colectivos, que requiere que los grupos aprendan unos de otros y que se transfieran información relevante, este principio de diseño puede no ser factible en muchas empresas u organizaciones.

2.3 EVALUACIÓN

Una vez realizado el prototipo, se debe poder determinar su grado de usabilidad. Para comprobar que estos niveles se cumplen y averiguar los defectos que contiene, se pueden utilizar unas técnicas o métodos concretos de evaluación de usabilidad.

Un método de evaluación es un procedimiento sistemático para recolectar datos relacionados con la interacción del usuario final y un producto de software o sistema. Cuando se obtienen los datos necesarios se analizan y evalúan para determinar si cumplen el nivel de usabilidad requerido.

Entre los métodos de evaluación se pueden encontrar métodos de inspección, de investigación, empíricos y heurísticos.

Respecto a la participación del usuario en la evaluación, dependerá del tipo de método que se utilice para la evaluación y de los objetivos preestablecidos. Los métodos de inspección, heurísticos y recorridos cognitivos no requieren involucrar usuarios en la evaluación, mientras que los métodos empíricos requieren un número de usuarios que varía dependiendo de la técnica utilizada.

La evaluación de la usabilidad puede aplicarse tanto a una parte del producto como a todo el sistema, dependiendo de las características del método utilizado y de los requisitos y objetivos de evaluación, así como del contexto de evaluación.

2.3.1 Clasificación

Los métodos en la evaluación de usabilidad pueden ser clasificados por numerosos criterios. Pueden clasificarse por el grado de implicación del usuario, por la utilización de reglas, por el objetivo de la evaluación,...

En la actualidad no existe un acuerdo unificado para clasificar los métodos y su evaluación mediante la usabilidad. Los diferentes autores del campo han definido sus propias clasificaciones sobre los métodos para la evaluación de la usabilidad, aunque existen coincidencias en algunas categorías y solapamiento entre otras.

2.3.2 Métodos de Inspección

Los métodos de inspección son aquellos en los que se realizan inspecciones sobre el diseño a partir de expertos en usabilidad que analizan la interfaz basándose en su experiencia directa y previa. La forma de realizar esta evaluación es identificar los errores y problemas de diseño realizando un recorrido por el sistema. Existen cuatro tipos que se enuncian a continuación.

2.3.2.1 EVALUACIÓN HEURÍSTICA

La evaluación heurística es un tipo de método de inspección de usabilidad donde unos expertos en usabilidad analizan y verifican si cada elemento de la interfaz de usuario concuerda con unos principios de usabilidad vigentes.

La evaluación heurística fue presentada por Jakob Nielsen como un método de la denominada Ingeniería de la Usabilidad de Descuento y consiste en obtener los errores graves de usabilidad de una forma rápida, económica y efectiva a través de unos cuestionarios.

La evaluación heurística solo depende de los evaluadores, por lo que su principal ventaja es que reduce el coste asociado a la producción del software.

Este tipo de evaluación permite detectar hasta el 80 por ciento de los errores frecuentes de diseño pero puede convertirse en una pérdida sustancial de tiempo y dinero si los evaluadores no tienen experiencia trabajando con esta técnica.

2.3.2.2 RECORRIDO COGNITIVO

El recorrido cognitivo o Walkthrought es un tipo de método de inspección de usabilidad donde un experto establece los escenarios, tareas y acciones principales a evaluar a partir de los requisitos funcionales, un prototipo o una interfaz o sistema. Posteriormente, reúne a un grupo de perfiles o roles clave para realizar un análisis introspectivo sobre la interfaz o sistema.

Cuando se utiliza esta técnica, los usuarios finales no intervienen, a no ser que tengan conocimientos previos sobre usabilidad.

La principal ventaja del recorrido cognitivo es que puede aplicarse desde la fase de desarrollo, cuando no se tiene conocimiento alguno sobre la interfaz o sistema a valorar y permite detectar entre el 30% y 50% de los problemas de usabilidad.

2.3.2.2.1 Proceso de evaluación

Realizar esta técnica requiere identificar los roles de los usuarios, tener un prototipo (aunque sea inacabado), una lista de las tareas a realizar con su descripción y un listado de acciones a realizar para finalizar las tareas.

Además, de forma habitual, cuando los expertos utilizan esta técnica añaden preguntas relacionadas con el usuario y la tarea en cuestión como son:

- ¿Conseguirá exactamente lo que desea?
- ¿Sabrá si lo que desea hacer está disponible?
- ¿Estará seguro de que la opción correcta va a tener el efecto deseado?
- Y si la ejecución de la acción correcta fue exitosa, ¿sabrá que todo fue bien?

La adhesión de preguntas al proceso de evaluación, como las anteriores, produce que el resultado sea más objetivo.

2.3.2.3 ANÁLISIS DE ACCIONES

El análisis de las acciones puede realizar de forma muy detallada y precisa, a lo que normalmente se le denomina Análisis de Acciones Formal o, se puede realizar de forma menos exhaustiva centrándose en las tareas que desempeña un usuario experimentado, a lo que se le denomina Análisis de Acciones Informal.

2.3.2.4 REVISIÓN DE GUÍAS Y REGLAS

La revisión de guías y reglas realiza una verificación entre una lista de reglas y/o guías a cumplir y una interfaz o sistema. Las reglas contenidas en esa lista pueden ser muy extensas y complejas, por lo que se hace necesario contar con expertos si se utiliza esta técnica.

Se pueden encontrar listas prefabricadas que vienen organizadas y agrupadas por los principios de usabilidad, por estructura e incluso orientadas a fines específicos como son los sistemas multimedia. Las respuestas a estos puntos de las listas pueden ser desde sí/no hasta párrafos extensos dependiendo de cómo se configuren dichas listas.

2.3.3 Métodos de indagación o sondeo

Es un método que se basa en observar cómo son los usuarios, cómo trabajan y qué respuestas dan a las preguntas. La adquisición del conocimiento se puede realizar a partir de los siguientes métodos:

2.3.3.1 OBSERVACIÓN DE CAMPO

Es un método que consiste en observar, dentro de un entorno controlado, la forma que tienen los usuarios de interactuar con el sistema. El experto observa todo lo que hacen, incluyendo errores, acciones y reacciones, etcétera para su posterior análisis.

2.3.3.2 GRUPOS DE DISCUSIÓN O FOCUS GROUP

Es un método que consiste en reunir a un grupo de usuarios (cinco a diez personas) para realizarles diferentes preguntas sobre sus preferencias, expectativas, impresiones, etcétera. Los usuarios discuten entre ellos expresando sus ideas para, finalmente, realizar un informe. También se suele aplicar en la accesibilidad web.

2.3.3.3 ENTREVISTAS

Es un método que consiste en realizar entrevistas para recolectar información sobre el sistema. Las entrevistas pueden realizarse a partir de un guion estricto o abierto y el objetivo es adquirir sus preferencias, impresiones y actitudes.

2.3.3.4 CUESTIONARIOS

Es un método que consiste en realizar un cuestionario estructurado con el fin de recuperar información sobre sus motivaciones, intereses y relación con el sistema. El tipo de preguntas que se formulan aquí pueden ser de carácter general, subjetivas, de valoración o de selección.

2.3.4 Métodos de testing

Los métodos de testing están basados en el análisis de tareas representativas realizado por usuarios concretos. La adquisición del conocimiento se puede realizar a partir de los siguientes métodos:

2.3.4.1 THINKING ALOUD

Normalmente se usa de forma conjunta con métodos de indagación.

El método consiste en que un usuario vaya realizando unas tareas concretas comentando en voz alta sus impresiones, problemas, sentimientos y opiniones de cómo debería funcionar y porqué.

2.3.4.2 CARD SORTING

Se podría considerar que este método no es un método de evaluación, sin embargo, al ser parte del proceso de diseño centrado en el usuario, permite mejorar el entendimiento de la interfaz o sistema.

El método consiste en proporcionar a un grupo de usuarios con diferentes roles unas tarjetas con diferentes aspectos, contenidos o funcionalidades sobre la interfaz o sistema. Posteriormente, los usuarios toman esas tarjetas y las organizan, agrupan y ordenan asignando una relevancia a cada una de ellas. De esta manera se definen los conceptos clave a tener en cuenta y se adquiere una idea sobre lo que esperan los usuarios de la interfaz o sistema.

3

PRINCIPIOS DE USABILIDAD

"Los buenos programadores utilizan su cerebro, pero unas buenas directrices nos ahorran tener que hacerlo para cada caso"

Francis Glassborow

Un principio de usabilidad consiste en aplicar un objetivo concreto que permita evaluar una interfaz o sistema, esté o no en proceso de construcción.

3.1 PRINCIPIOS BÁSICOS

A partir de la conceptualización llevada a cabo por la ISO, se infieren los principios básicos en los que se basa la usabilidad:

1. **Facilidad de Aprendizaje**

   Facilidad con la que nuevos usuarios desarrollan una interacción efectiva con el sistema o producto. Está relacionada con la predictibilidad, sintetización, familiaridad, la generalización de los conocimientos previos y la consistencia.

2. **Facilidad de Uso**

   Facilidad con la que el usuario hace uso de la herramienta, con menos pasos o más naturales a su formación específica. Tiene que ver con la eficacia y eficiencia de la herramienta.

3. **Flexibilidad**

   Relativa a la variedad de posibilidades con las que el usuario y el sistema pueden intercambiar información. También abarca la posibilidad de diálogo, la multiplicidad de vías para realizar la tarea, similitud con tareas anteriores y la optimización entre el usuario y el sistema.

4. **Robustez**

   Es el nivel de apoyo al usuario que facilita el cumplimiento de sus objetivos. Está relacionada con la capacidad de observación del usuario, de recuperación de información y de ajuste de la tarea al usuario.

3.2 PRINCIPIOS GENERALES

3.2.1 Empatía con los usuarios

Lo primero que se debe hacer a la hora de ponerse a crear un nuevo sistema o interfaz es saber quiénes son los usuarios, qué necesitan, qué es lo que tienen que hacer, qué puede hacer el sistema por ellos y cómo conseguir que realicen sus tareas de forma sencilla y eficiente.

Durante el proceso de diseño del nuevo interfaz o sistema, los desarrolladores y diseñadores se deben poner en el lugar de los usuarios para conseguir que las cosas funcionen como ellos esperan. Si no se tienen los conocimientos previos y no se realiza un proceso de empatía, puede que el diseño no funcione solo porque no se creó pensando como un usuario.

3.2.2 Documentación y material de apoyo

Para conseguir que los usuarios realicen sus tareas de forma simple y eficiente, es necesario conocer la preparación que tienen, el alcance de sus conocimientos y si van a ser capaces de aprender el nuevo sistema o interfaz. Para asegurar que los usuarios sean capaces de aprender se debe poner a su disposición una buena documentación u otro material de apoyo que responda todas las preguntas que puedan hacerse.

Una de las opciones para proporcionar ayuda es mediante enlaces en las pantallas de la interfaz o sistema, forma muy frecuente hoy día.

Otra opción para dar asistencia a los usuarios y que yo mismo he implantado antes, es crear un sistema de apoyo automático que muestre la información de ayuda al usuario pulsando la tecla de ayuda F1 o cuando se pulsa en un icono asociado a un elemento concreto. Cuando esta solicitud de asistencia se reclama, el sistema o interfaz muestra la ayuda contextual sobre el punto dónde se encuentre el foco. Si por ejemplo un usuario está rellenando un formulario, con el foco dentro de un campo que solicita el CVV o CVC, y se pulsa la tecla F1, inmediatamente le aparecería una pantalla flotante a modo de popup que muestra la ayuda del CVV o CVC. Además esta pantalla tendría un buscador predictivo que guiaría al usuario en nuevas búsquedas o, simplemente, si el sistema de apoyo automático no ha encontrado suficientes datos para proporcionarle la información solicitada.

3.2.3 Prevención de errores y retroalimentación

Como se comentaba con anterioridad, el éxito de una interfaz viene predefinida por su facilidad de utilización. Si el sistema o interfaz prevé todos los errores que cometen los usuarios, les ayuda a recuperarse de esos errores y proporciona toda la información con mensajes claros no amenazantes ni desconcertantes, posiblemente, el éxito esté un paso más cerca.

3.2.4 Facilidad de aprendizaje y uso

Los sistemas deben ser fáciles de manejar y utilizar. En parte, esta afirmación se consigue respondiendo a algunas de las preguntas del principio de contextualización ya que, si se conocen las necesidades de los usuarios y sus experiencias de usuario previas, se pueden realizar diseños más específicos y fáciles de utilizar para ellos.

Como no puede ser de otra manera, una de las premisas para garantizar la facilidad de aprendizaje es que los usuarios sean capaces de entender lo que pasa a su alrededor y de evaluar el efecto que sus acciones anteriores han tenido en el estado actual.

La comunicación entre sistema y usuarios debe utilizar una terminología y simbología familiar. Esta comunicación debe basarse más en reconocimiento de los elementos que en recuerdos de acciones o hechos anteriores.

En adición, el sistema debe proporcionar una documentación y/o material didáctico adecuado que les proporcione un nivel de conocimiento óptimo para sacar el máximo partido al sistema sin esfuerzo.

3.2.5 Flexibilidad

Los sistemas o interfaces deben permitir la comunicación a través del mayor número de vías disponibles.

Los usuarios no deben perder el control de la interfaz. Si en algún momento piensan que no tienen ese control, esa sensación, puede convertirse en frustración y provocar el abandono. Para que los usuarios tengan la sensación de que controlan el sistema, deben conocer su situación dentro de un entorno finito.

El sistema debe ser personalizable, cómodo y transferible. La posibilidad de automatizar una tarea, cambiar los valores por defecto y/o personalización de las acciones más frecuentes son parámetros que permiten evaluar la flexibilidad.

3.2.6 Consistencia

El principal obstáculo para una interacción efectiva con una interfaz es la falta de familiaridad o costumbre basada en conocimiento del sistema. Cuanto mayor sea el tiempo necesario para adquirir esta familiaridad, más difícil es para el usuario interactuar con la interfaz de manera efectiva.

Que un sistema sea o no consistente depende, sobre todo, de que las funcionalidades que se realizan los usuarios les resulten cómodas, familiares y que siempre se hagan de la misma forma, para todos los usuarios y en cualquier momento dado.

El sistema o interfaz debe empatizar con los usuarios, ser coherente con lo que se está haciendo, adecuarse a la forma de pensar de los usuarios y, si se puede utilizar desde varios dispositivos, debe tener un comportamiento análogo o similar independientemente del mismo.

3.2.7 Robustez

La robustez es el grado de apoyo que facilita a los usuarios para el cumplimiento de sus objetivos. Efectivamente, la capacidad de observación del usuario puede ser determinante para conseguir sus objetivos. Si la información puede ser fácilmente asumida por el usuario y la tarea sigue un rumbo que no le provoque desconcierto o frustración, el objetivo se verá cumplido.

3.2.8 Adecuación

Los usuarios deben poder hacer todas las tareas en la forma que deseen hacerlas. No importa que tengan más o menos pasos, ni que sean más o menos complejas, importa que las puedan hacer y que sea de la forma más rápida posible para ellos.

Aquí es donde suelen encontrarse los comportamientos inesperados o lo que denominan "slips". Los slips (resbalones o deslices en español) ocurren cuando el usuario tiene la intención de realizar una acción, y termina haciendo otra. Un slip podría ser los errores que se producen cuando los usuarios tienen objetivos que no son adecuados para sus tareas.

3.2.9 Tiempos de respuesta

Los tiempos de respuesta deben ser lo suficientemente pequeños para que el usuario no pierda la noción de lo que estaba haciendo y tenga una sensación de fluidez sin pausas largas.

Las recomendaciones de Google para conseguir unos tiempos de respuesta bajos son, entre otros:

- Reducir el tiempo de respuesta del servidor hasta un máximo de 200 ms.
- Aprovechar el almacenamiento en caché del navegador.
- Evitar redirecciones a páginas de destino.
- Habilitar compresión.
- Minificar las hojas de estilo, JavaScript y HTML.
- Optimizar imágenes.
- Priorizar el contenido visible

3.2.10 Disminución de la carga cognitiva y accesibilidad

Por último pero no menos importante, debe prevalecer el reconocimiento sobre el recuerdo, es decir, no se debe tener que recordar abreviaturas, estructuras, opciones, códigos o acciones. Tampoco se debe olvidar intentar cubrir todas las necesidades especiales de los usuarios con discapacidad.

3.3 HEURÍSTICAS DE NIELSEN Y MOLICH

Jakob Nielsen, autoridad reconocida en el campo de la usabilidad propone, entre otros, diez principios básicos que una web debería cumplir:

3.3.1 Visibilidad del estado del sistema

El sistema debe informar a los usuarios del estado del sistema, dando una retroalimentación apropiada en un tiempo razonable.

Para cumplir este principio se debe informar al usuario a través de barras de progreso o mensajes informativos durante la ejecución de procesos no inmediatos (envío de correos, carga de archivos o imágenes, conexiones remotas,...) y al finalizar los mismos. Asimismo, se debe proporcionar migas de pan y diferenciar las diferentes partes de los procesos, por ejemplo, el "Proceso de compra".

3.3.2 Relación entre el sistema y los usuarios

El sistema debe utilizar un lenguaje al que los usuarios estén habituados, con una jerga o terminología que les sea conocida y legible, en lugar de términos o mensajes genéricos que se utilizan en el sistema, para que al usuario se sienta cómodo al utilizar el sistema.

Para cumplir este principio la información debe aparecer en un orden lógico y natural y utilizar iconos o imágenes claras que no dejen lugar a dudas (la papelera como símbolo de eliminar).

3.3.3 Control y libertad para el usuario

En casos en los que los usuarios puedan seleccionar una opción del sistema por error, se debe contar con las opciones de deshacer y rehacer para proveer al usuario de una salida fácil que no le provoque frustración.

Para cumplir este principio se deben proporcionar botones o acciones que le permitan al usuario volver al estado anterior y, si la situación lo requiere, disponer de una "salida de emergencia". Los botones de volver o cancelar para regresar a la página anterior, "rehacer" o "deshacer" de los editores de textos, el botón de eliminar del "carrito de la compra", editar la información de nuestro perfil o habilitar la tecla "escape" para volver atrás son buena prueba de ello.

Figura 3.1. Opción de hacer / deshacer de Microsoft Office 2010.

3.3.4 Consistencia y estándares

El usuario debe seguir las normas y convenios de la plataforma sobre la que está implementando el sistema, para que no se generen dudas y tenga que preguntar el significado de las palabras, situaciones o acciones del sistema.

Para cumplir este principio se debe asegurar que los nombres de las acciones se corresponden con lo que hacen, no existen enlaces rotos, que los títulos son representativos del contenido y que cada enlace o botón lleva a un único destino. Si, además, la web debe ser accesible se deben cumplir los niveles de adecuación adecuados.

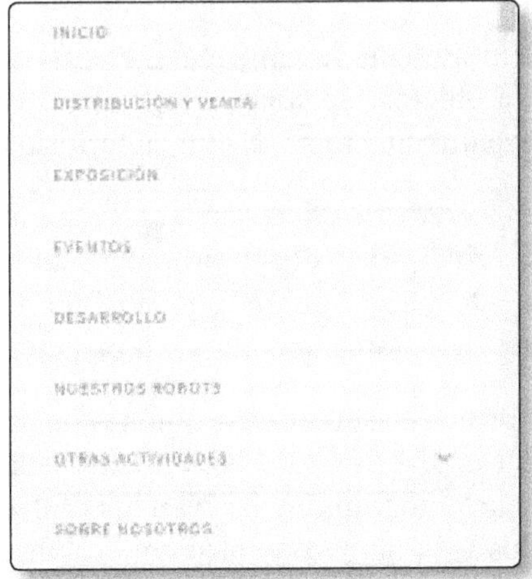

Figura 3.2. Menú de navegación de opciones bien definidas

3.3.5 Prevención de errores

Es importante que el usuario entienda lo que sucede en el sistema para poder prevenir las situaciones que puedan provocar frustración.

Para cumplir este principio se deben proporcionar métodos para salvar los errores más frecuentes, utilizar mensajes claros y eliminar las acciones predispuestas al error. Utilizar buscadores predictivos o autocompletes para que los usuarios no tengan que escribir toda la palabra, proporcionar una confirmación de contraseña con doble campo de entrada en los formularios, impedir que se puedan introducir letras en un campo dónde solo se admiten números (como la edad) o validar los campos de un formulario en tiempo real son un claro ejemplo de ello.

Figura 3.3. Campo de formulario tipo fecha y buscador predictivo bajo Google Chrome.

3.3.6 Reconocer antes que recordar

El sistema debe minimizar la información que el usuario debe recordar mostrándosela a través de objetos, acciones u opciones. El usuario puede que no recuerde toda la información que recibió con anterioridad ya sea un momento cercano o no.

Para cumplir este principio se deben proporcionar instrucciones para el uso del sistema en todo momento y estar en un lugar visible. Es muy efectivo que una acción sea referida a través de colores, tamaños y/o posiciones distintas.

Ejemplos de este principio son que los botones de "cancelar" sean rojos, que el menú de navegación esté arriba a la derecha, utilizar vistas previas en la selección de fuentes en los editores de texto, diferenciar bien los títulos de lo que es contenido, mostrar la lista de artículos y su número dentro del "carrito de la compra", mostrar los artículos que ha visitado con anterioridad.

Figura 3.4. Ejemplo de botones diferenciados.

3.3.7 Flexibilidad y eficiencia de uso

Se deben proporcionar métodos abreviados o atajos de teclado para que tanto los usuarios novatos como los expertos aprovechen la capacidad del sistema y se puedan adaptar sin importar el nivel de conocimiento de la plataforma.

Para cumplir este principio se debe proporcionar una forma para personalizar las acciones más frecuentes en el sistema. Utilizar enlaces personalizados por nombre de usuario en el menú de navegación, proporcionar un buscador avanzado con valores parametrizables además del buscador normal o utilizar atajos de teclado como F5 para recargar la página son ejemplo de ello.

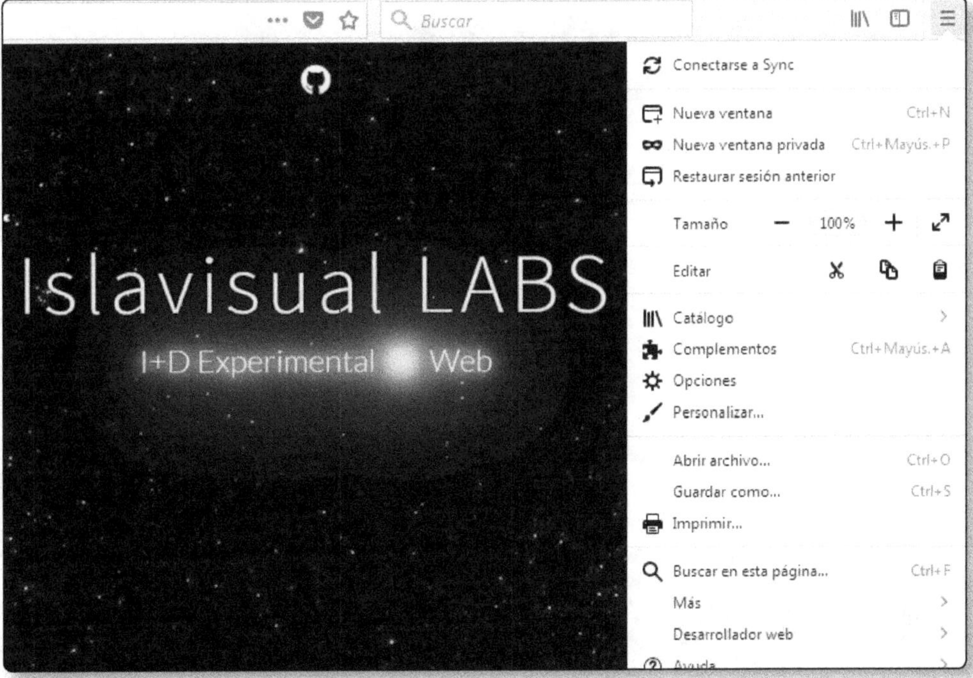

Figura 3.5. Menú del navegador Firefox.

3.3.8 Diálogos estéticos y diseño minimalista

La interfaz no debe contener información que no sea relevante o innecesaria. Cada información extra que se introduzca competirá con la información relevante y disminuirá su visibilidad.

Para cumplir este principio se debe evitar los diseños recargados, que carguen rápido, con contenidos bien estructurados, colores equilibrados y bien seleccionados y con, únicamente, las acciones necesarias.

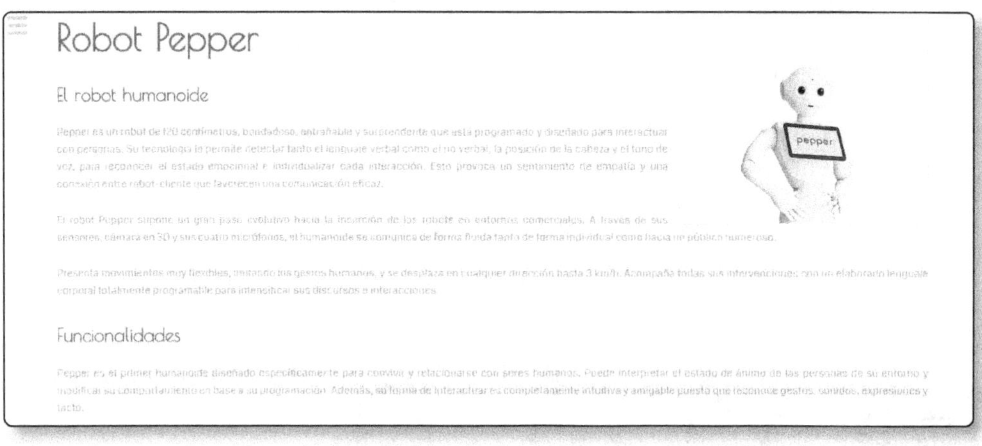

Figura 3.6. Ejemplo de diseño minimalista. Autor de la imagen de Pepper: Softbank Robotics Europa (Commons Wikipedia, 2017)

3.3.9 Reconocimiento, diagnóstico y recuperación de errores

Los mensajes de error deben expresarse en un lenguaje claro, indicar exactamente el problema y ser constructivos.

Para cumplir este principio se deben evitar mensajes de error como "Error 34-x1" o "Error 404" que no indican nada al usuario de cómo recuperarse cuando se produce dicho error. Los mensajes deben proporcionen alternativas para que el usuario pueda continuar realizando la tarea. Por ejemplo, un mensaje de "página no encontrada" debe tener una descripción más larga y que le permita al usuario saber qué hacer, tanto si el error es por una inexistencia de coincidencia en una búsqueda o por un error del sistema.

Figura 3.7. Ejemplo de Error 404.

3.3.10 Ayuda y documentación

Aunque es mejor que el sitio web o aplicación pueda ser usado sin ayuda, puede ser necesario proveer cierto tipo de ayuda. En este caso, la ayuda debe ser fácil de localizar, especificar los pasos necesarios y no ser muy extensa. Cuando se trata de aplicaciones móviles, hoy en día, es frecuente utilizar un mini tutorial o tour en donde, de manera sencilla, se exponen las funcionalidades principales que evitan tener que leer documentos extensos de ayuda y que pueden resultar aburridos o agotadores.

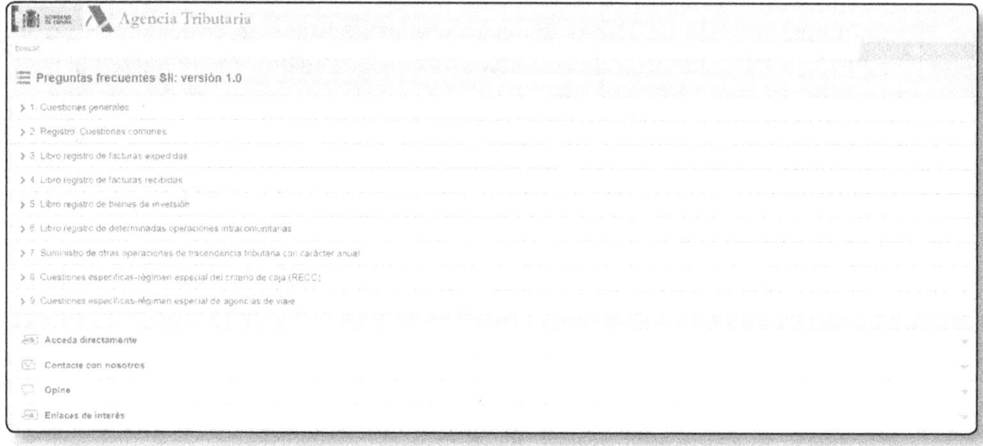

Figura 3.8. Ejemplo de FAQs de la Agencia Tributaria.

3.4 PRINCIPIOS DE DISEÑO DE INTERACCIÓN DE TOGNAZZINI

Bruce Tognazzini muestra un conjunto de principios fundamentales de interacción para el diseño e implementación de interfaces gráficas efectivas para que los usuarios vean rápidamente el alcance de las opciones y comprendan como alcanzar sus metas y realizar su trabajo. Los principios que presenta, se pueden resumir en:

3.4.1 Estética

El aspecto estético debe realizarse por expertos en diseño que no se dejen llevar por las modas y con una experiencia de usuario previa para asegurarse de que aumentan o, al menos, no se pierden las características fundamentales de facilidad de aprendizaje, satisfacción y productividad.

3.4.2 Anticipación

Se debe proporcionar al usuario toda la información y herramientas necesarias para cada paso de las tareas. Dicho de otra forma, los diseñadores deben adquirir un conocimiento exhaustivo sobre cada una de las tareas e intentar anticiparse a lo que los usuarios necesitan proporcionando toda la información y todos los recursos disponibles de la forma más eficiente.

3.4.3 Autonomía

Aunque el ordenador, la interfaz y el entorno pertenecen al usuario, se debe ofrecer la libertad de organizarse y de gestionar la tarea de una forma más cómoda aunque, con ello, la estética se vea degradada. Los procesos no deben ser estrictos en lo que al control se refiere, solo en su forma y estructura, es decir, la interfaz o sistema debe proporcionar la sensación de que es controlada por el usuario y no al revés, para que aprendan rápido y ganen confianza.

Además, se debe mantener a los usuarios bien informados, proporcionar una información de estado actualizada que pueda ser obtenida de un vistazo y garantizar que esa información de estado sea exacta.

3.4.4 Color

Se debe utilizar el color en combinación con otros métodos indicativos para garantizar que todos los usuarios reciben la información de manera correcta, con independencia de si tienen alguna discapacidad visual como daltonismo o ceguera de color. Además, se debe utilizar el color de forma responsable y no dejarse llevar por la caprichosa innovación de los diseñadores ya que pueden abrumar a los usuarios.

3.4.5 Consistencia

Es fundamental que se proporcione una uniformidad en todo el interfaz o sistema según el nivel en el que se esté trabajando. No es lo mismo dar consistencia a un nivel superior, como es la plataforma, que a un nivel más inferior como puedan ser las estructuras invisibles.

También es importante asegurarse de que el principio de inconsistencia inducida va a ser entendido, es decir, que objetos que hacen cosas diferentes parezcan diferentes y que los cambios producidos puedan ser descubiertos con solo una mirada. Si esto no se cumple, los usuarios tratarán de utilizar el interfaz o sistema de forma incorrecta y no conseguirán sus objetivos.

Se debe proporcionar una continuidad y establecer un equilibrio perfecto entre la consistencia y las expectativas de los usuarios. No importa lo bueno que sea el argumento o lo bien hecha que esté la funcionalidad, si los usuario esperan que funcione de una forma diferente, no la utilizarán porque pensarán que no hace lo que tiene que hacer.

3.4.6 Valores por defecto o predeterminados

Los valores por defecto deben poder ser remplazados con facilidad y fluidez y entendiendo que no todo tiene porqué tener un valor por defecto. Si los campos de texto tienen un valor preseleccionado, cuando tomen el foco deben seleccionar todo su contenido para que el usuario únicamente tenga que teclear sin tener que hacer el proceso completo de seleccionar, borrar y escribir.

Los valores por defecto o predeterminados deben tener sentido, evitar, en la medida de lo posible, que las acciones o botones utilicen términos como "por defecto" y asegurarse de que los usuarios entienden el alcance de esa restauración cuando se ejecuta dicha acción.

3.4.7 Eficacia del usuario

Se debe buscar la productividad del usuario y no del sistema. El aumento de la productividad de los sistemas no siempre aumenta la de los usuarios.

Se debe maximizar la eficiencia involucrando a todos los departamentos de la empresa u organización ya que los saltos cualitativos en la eficiencia vienen dados o establecidos en la arquitectura del sistema, no en la parte visual.

Se deben proporcionar mensajes de ayuda claros y compresibles que ayuden a resolver el problema y establecer las palabras clave significativas al principio de los menús y botones.

3.4.8 Interfaces explorables

Se le debe proporcionar al usuario indicaciones claras de cómo llegar al inicio, hacer las acciones reversibles, dar la posibilidad de deshacer las últimas acciones, establecer salidas de emergencia y respetar las leyes de Fitts y de Hick.

3.4.9 Objetos humanos

Los objetos de la interfaz se pueden ver, escuchar, tocar o percibir de otra manera y deben ser familiares, compresibles, consistentes, estables y sin salirse de lo estándar.

3.4.10 Reducción de latencia

La percepción de latencia debe tratarse de reducir a través de:

- La comunicación del clic de los botones a través de una retroalimentación visual en los primeros 50 milisegundos.
- La visualización del icono de espera para eventos o acciones que tengan una duración estimada entre 0.5 y 2 segundos.
- Mensajes que muestren la duración estimada cuando la duración del evento o acción vaya a tardar más de 2 segundos.
- La indicación del avance de la tarea a través de barras de estado o progreso y, si la tarea va a tener una duración estimada superior a 10 segundos, se deben establecer indicaciones visuales o sonoras cuando la tarea haya finalizado para poder volver al trabajo.
- La eliminación de todo lo que no ayude al usuario.

3.4.11 Aprendizaje

Dado que lo ideal sería que los usuarios no tuviesen un tiempo o periodo de aprendizaje se debe de intentar reducir al máximo este tiempo para conseguir que todos los usuarios puedan utilizar el sistema o interfaz desde el minuto uno.

No se debe intentar establecer la facilidad de uso a costa de la facilidad de aprendizaje, eso es un mito.

3.4.12 Uso de metáforas

Se deben elegir metáforas que permitan al usuario comprender al instante la finalidad del modelo conceptual ya que un uso inapropiado de estas puede incurrir en un grave problema de aprendizaje por parte del usuario. Una buena metáfora mejora la compresión y el tiempo de aprendizaje.

3.4.13 Protege el trabajo del usuario

Se debe evitar que el usuario pierda su trabajo a causa de un error suyo, por problemas de internet o cualquier otro tipo de problemas inevitables, como una caída de tensión o apagón.

3.4.14 Legibilidad

Se deben utilizar textos con alto contraste y seleccionar unos tamaños de fuente que sean legibles para cualquier usuario sin importar su edad.

3.4.15 Estado

Se debe poder almacenar y recuperar la información sobre el comportamiento previo del usuario para permitir optimizar las operaciones más frecuentes en el tiempo.

3.4.16 Navegación visible

Se debe procurar que parezca que el usuario está siempre en el mismo sistema y mostrándole el trabajo a medida que avanza ya que, además de evitar el uso de mapas y herramientas para la navegación, se le proporcionará una sensación de seguridad y control al usuario.

3.5 PRINCIPIOS DE SHNEIDERMAN

Ben Shneiderman, catedrático y miembro de la Universidad de Maryland Human-Computer Interaction Lab, definió en 1992 escribió una serie de reglas de oro referentes a las interfaces de usuario.

3.5.1 Consistencia

Se debe utilizar el conocimiento previo de los usuarios para obtener secuencias de acciones equivalentes en situaciones conocidas, utilizar una terminología idéntica en los avisos, menús y pantallas de ayuda y emplear comandos coherentes en todas partes.

3.5.2 Shortcuts (atajos)

Se debe permitir que los usuarios frecuentes usen accesos directos. Este requerimiento se vuelve una necesidad a medida que aumenta la frecuencia de uso. Los usuarios, según van aumentando su conocimiento sobre la interfaz o sistema, van deseando disminuir el número de interacciones y el ritmo de la interacción. Por esta razón, se deben utilizar abreviaturas, teclas de función, comandos ocultos y macro instalaciones.

3.5.3 Retroalimentación informativa y diálogo

Los usuarios siempre esperan que para cada acción haya una reacción, es decir, que se le muestre algún tipo de información sobre la acción. Si la acciones son frecuentes y menores, la respuesta puede ser poco detallada. Si las acciones son poco frecuentes e importantes, la respuesta debe ser más sustancial. Además, los tiempos de respuesta deben ser adecuados que no hagan que se pierda la atención del usuario.

Es por ello que se deben mostrar mensajes legibles y razonables, nada de códigos de error ni textos que no sean explicativos de lo que está sucediendo en el sistema o interfaz.

En procesos o secuencias de acciones se debe proporcionar una retroalimentación informativa adecuada al completarlos. Esa información provoca a los usuarios una sensación de logro y alivio, una satisfacción. Se convierte, por tanto, en una señal para abandonar los planes de contingencia y opciones de sus mentes, y una indicación de que el camino está despejado para prepararse para el siguiente grupo de acciones.

3.5.4 Gestión de errores

En la medida de lo posible, se debe diseñar el sistema para que el usuario no pueda cometer ningún error grave. Si se produce un error, el sistema debe ser capaz de detectarlo y ofrecer unos mecanismos simples y comprensibles para manejar dicho error.

3.5.5 Reversibilidad de acciones

Se debe permitir la reversión de las acciones, de entradas de datos y de procesos de forma sencilla. Esta función alivia la ansiedad, ya que el usuario sabe que sus errores se pueden deshacer y, por lo tanto, puede animarse a realizar una exploración de opciones desconocidas.

3.5.6 Control total

Cuanto más experimentado es un usuario, más deseos tiene de controlar la interfaz o sistema. Los usuarios experimentados anhelan la sensación de que están a cargo del sistema y de que el sistema responde a sus acciones. Por ello, se deben diseñar los sistemas para hacer que los usuarios sean los que inician las acciones en lugar de los que responden.

3.5.7 Reducirla la carga cognitiva

Los humanos únicamente son capaces de retener 5 elementos o cosas en la memoria a corto plazo y, además, la atención es un recurso que está limitado por el tiempo. No se puede retener la atención de un usuario demasiado tiempo ya que aumentaría la carga mental y podría provocarles frustración o rechazo.

El diseño del sistema o interfaz debe estar pensado para mantener la sensación de simplicidad, tener una jerarquía, reduciendo la frecuencia del movimiento y estableciendo un tiempo de entrenamiento suficiente para gestionar códigos, reglas mnemotécnicas y secuencias de acciones.

3.6 PRINCIPIOS DE DISEÑO DE NORMAN

Donald Normal es otra de las referencias que se toman cuando se habla de usabilidad. Es profesor de ciencia cognitiva y su trabajo se centra en el analizar los errores de diseño más frecuentes.

3.6.1 Visibilidad

Todos los elementos con los que pueda interactuar el usuario deben poder ser bien percibidos en todo momento y con mensajes adecuados.

Esto se puede traducir, por ejemplo, en que si hay mucha información que mostrar se debe jerarquizar o agrupar y no abusar de las cabeceras o leyendas.

Ejemplos de incumplimiento de este principio son, ocultar la funcionalidad de salida del sistema (logout), establecer botones de acción muy pequeños, mostrar desplegables con una única opción,...

3.6.2 Retroalimentación (feedback)

Se debe informar al usuario sobre la acción y el resultado obtenido.

Si el mensaje o notificación se muestra después de que el usuario hay realizado la acción es un feedback.

Si el mensaje o notificación se muestra antes de que acción se lleve a cabo y se le informa del objetivo y consecuencia de la acción es un feedforward.

También debe hacerse visible el estado del sistema cuando este pueda ser como una “caja negra”, es decir, no podamos percibirlo de forma visual o simple.

Ejemplos de este principio son, por ejemplo, recibir un mensaje de estado o notificación de cómo fue la operación cuando hemos finalizado el proceso de compra, el mensaje de confirmación tras enviar un email,...

3.6.3 Posibilidades o potencialidades (Affordance)

Gibson definió el término “affordance” como una relación epistémica entre el agente y su medio o dicho de otra manera, es la relación existente entre los métodos que permiten realizar una acción y su objeto. En definitiva, no es más que una serie de posibilidades para una acción dada.

En usabilidad, se traduce en qué nos transmite el diseño y cómo está de claro su objetivo y facilidad de uso. Un ejemplo de ello son los motores de búsqueda como Google ya que lo que transmite es exactamente lo que el usuario percibe, un buscador, y permite realizar de forma muy simple su acción principal, que es buscar. Yahoo, por el contrario no tiene tan clara la acción principal ya que, además, muestra noticias, anuncios y tendencias.

3.6.4 Limitaciones

Hay que dejar claro qué se puede hacer y qué no se puede hacer en una interfaz o sistema.

Cuando los usuarios operan o trabajan con una interfaz de usuario, se crean modelo conceptual o esquema mental de cómo funciona. Dependiendo de cómo de optimizado sea el diseño les será fácil averiguar su propósito y sus limitaciones. Este principio, además de ser aplicable a la usabilidad, es también aplicable a la accesibilidad ya que se basa en contemplar diseños que cubran las necesidades de los usuarios con discapacidad.

Un ejemplo de cumplimiento de este principio son los indicadores de los parkings que, cuando están en verde se puede leer “libre” y cuando están en rojo se puede leer “completo”. De este modo, aunque una persona sea daltónica puede saber si puede acceder o no.

3.7 PRINCIPIOS DE USABILIDAD DE KRUG

Steve Krug proporciona un enfoque de sentido común a la usabilidad en entornos web. Es considerado otro de los gurús de la usabilidad y presenta los principios descritos en clave de humor.

3.7.1 Usabilidad es...

La Usabilidad es poder afirmar, sin ningún lugar a dudas, que el sistema o interfaz funciona correctamente y que los usuarios con conocimientos medios pueden usarlo sin llegar a molestarse o frustrarse.

3.7.2 Las interfaces deben ser intuitivas

En la medida de lo posible, cuando un usuario observa una interfaz, esta, debería ser auto-explicativa, evidente y tener un comportamiento intuitivo. Dicho en otras palabras, cuando un usuario accede por primera vez a una web o a una aplicación, este, debería ser capaz de saber para qué sirve de un solo vistazo.

3.7.3 No me hagas pensar

Por lo general, a los usuarios no les gusta tener que pararse a pensar cómo se debe hacer esto o cómo se debe hacer lo otro. Si los desarrolladores o diseñadores no piensan en hacer los interfaces simples, podría perderse la confianza en el sitio y su imagen de marca.

3.7.4 No pierdas mi tiempo

Si los usuarios utilizan la web, en gran parte, es porque desean ahorrar tiempo. Cómo consecuencia, los usuarios tienden a moverse rápido y esperan que las webs también sean rápidas, porque de lo contrario seguirán adelante sin mirar atrás. De hecho, no hay que olvidar que los tiempos de carga de las páginas son una variables más importantes que maneja Google en sus análisis de usabilidad.

3.7.5 Los usuarios se aferran al botón atrás

El botón de retroceso o "volver" y el botón de "cancelar", siguen siendo uno de los métodos más demandados cuando un usuario se equivoca. Al final, la sanción por equivocarse no deja de ser uno o dos clics, algo irrelevante. Por este motivo, los interfaces no se deben eliminar estas acciones o botones de las web.

3.7.6 Somos criaturas de hábito

Si los usuarios encuentran algo que les sirve, lo toman. No importa si la opción escogida es mejor o peor que otra, lo que les importa es que pueden realizar la tarea que deseaban hacer. Podrán cambiar o mejorar la forma de acometerla, pero, rara vez irán a otra web si les funciona.

3.7.7 No hay tiempo para charlas pequeñas

Una conversación feliz es cómo un parloteo sin contenido, básicamente, para adquirir un carácter sociable. Sin embargo, a los usuarios les gusta acceder a los contenidos de forma directa, les gusta ir al grano. Por este motivo, se puede y se debe eliminar tanta palabrería como sea posible.

3.7.8 No pierdas la búsqueda

Algunos usuarios que acceden a los interfaces o sistemas, casi siempre buscan el cuadro de búsqueda en el momento de acceder. Puede que estos usuarios sean los mismos que, cuando acceden a un recinto buscan el punto de información o que cuando entran en una tienda buscan al personal empleado. Por esta razón, el buscador debería estar siempre visible y ser fácilmente reconocible.

3.7.9 Formamos mapas del sitio mentales

Cuando los usuarios desean volver atrás para realizar o comprobar algo, en lugar responder al camino físico propuesto por sus creadores, recuerdan dónde se encuentran a partir de un esquema conceptual que ellos mismos se han creado y vuelven por dónde vinieron.

3.7.10 Haz fácil ir a la home

Se debe tener el enlace que lleva a la página principal (la home) a la vista en todo momento ya que presta la tranquilidad de que no importa por dónde hayan pasado los usuarios hasta llegar a donde están, ni lo perdidos que se puedan encontrar, siempre podrán volver a empezar de nuevo presionando el susodicho enlace.

3.8 OTROS PRINCIPIOS

3.8.1 Principios de Simpson

Simpson, en 1985, argumentó que la usabilidad es importante cuando muchos usuarios tienen que utilizar un programa, cuando las consecuencias de los errores pueden convertirse en serios problemas o cuando el programa tiene que ser utilizado repetidamente.

- Definir los usuarios.
- Anticipar el entorno en el cual los programas van a ser utilizados.
- Deja a los usuarios el control.
- Minimizar el trabajo de los usuarios.
- Realizar programas simples.
- Codificar la información de forma apropiada.
- Mantener la consistencia.
- Proporcionar una adecuada realimentación.
- No cargar la memoria de trabajo.
- No abusar de la memoria a largo plazo.
- Seguir las convenciones de diseño que prevalezcan.

3.8.2 Principios de diseño de interacción de Preece

Jennifer Preece, miembro de la Universidad de Maryland Human-Computer Interaction Lab, formuló en 1994 los siguientes principios:

- Estudiar la población de usuarios.
- Reducir la carga cognitiva.
- Aplicar las técnicas de ingeniería para resolver la problemática del error humano.
- Mantener la consistencia y claridad.

3.8.3 Principios de diseño de Mandel

Theo Mandel, Fundador y Director de Interface Design and Development, LLC, formuló en 1997 las siguientes reglas de oro:

- Ubicar a los usuarios en el control de la interfaz. Los usuarios debe ser quienes manejen la interfaz y no al revés.
- Disminuir la carga de memoria de los usuarios. No somos buenos recordando cosas.

- Hacer que la interfaz sea consistente. Uno de los motivos que comenta es que si la interfaz es consistente, los usuarios pueden reutilizar sus conocimientos y experiencias cuando comienzan a utilizar una nueva interfaz, por lo que se hará más sencillo su uso y, por lo tanto, será más usable.

3.8.4 Principios de diseño de Dix

Alan Dix, profesor de en la Universidad de Birmingham, formuló en 1998 los siguientes principios:

- Facilitar el aprendizaje para usuarios de todos los niveles.
- Flexibilidad proporcionando varias formas para realizar las tareas.
- Robustez del sistema y posibilidad de recuperarse de los errores.

4

INDICADORES Y MÉTRICAS DE USABILIDAD

"Existen tres posibles respuestas ante un diseño: Si, No y Wow". El objetivo es Wow"

Milton Glaser

4.1 GENERALIDADES

La usabilidad se mide generalmente usando una serie de indicadores que son observables y cuantificables y que permiten obtener unos resultados tangibles más allá de la intuición.

4.1.1 Ley de Pareto

La ley de Pareto, también conocida como la regla del 80/20, establece que un amplio número de las consecuencias tienen origen en un pequeño número de sus causas.

Este principio surgió de la observación empírica que realizó con respecto a la riqueza de la población de Italia. La conclusión fue que el 80% de la propiedad del país correspondía tan solo al 20% de la población.

En usabilidad, este principio se lee justo a la inversa estableciendo que el 20% de los defectos de las interfaces son los causantes del 80% de los problemas.

Una forma gráfica y útil de aplicar este principio es a través de los diagramas de Pareto que se corresponden con un gráfico de barras organizados en representación descendente y se suelen utilizar para identificar los defectos que se producen con más frecuencia.

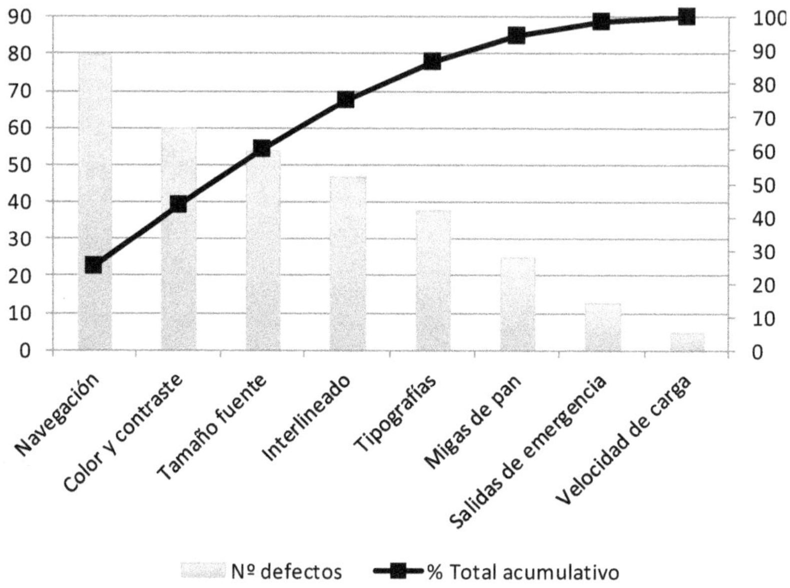

4.1.2 Ley de Fitts

La Ley de Fitts es un modelo predictivo que predice el tiempo necesario para moverse rápidamente desde una posición inicial hasta otra final. Esta función se basa en la distancia que existe hasta el objetivo y el tamaño de este. A menor distancia y mayor tamaño del objetivo más facilidad para usar un mecanismo de interacción.

Matemáticamente, la ley de Fitts ha sido formulada de varias formas diferentes. Una de las formas comunes es la formulación de Shannon (propuesta por Scott MacKenzie, y llamada así por su semejanza con el teorema de Shannon) para movimiento sobre una única dimensión:

$$\mathrm{RT} = a + \mathrm{b}\ \log_2\ (\frac{D}{W} + 1)$$

Dónde:

RT es el tiempo medio de reacción necesario para completar el movimiento.

a y *b* son constantes empíricas que pueden ser determinadas mediante regresión lineal o ajuste lineal y representan la latencia y la velocidad respectivamente. A falta de datos, se pueden tomar los valores latencia = 50 ms y velocidad = 150 ms.

D es la distancia desde el punto inicial hasta el centro del objetivo.

W es la anchura del objetivo medida sobre el eje del movimiento; también puede entenderse W como la tolerancia de error permitida en la posición final, dado que el punto final del movimiento debe quedar a +/- W/2 del centro del objetivo.

A partir de la ecuación, vemos un compromiso velocidad-precisión relacionado con el acto de apuntar, donde los objetivos que son más pequeños o están más lejos necesitan más tiempo para ser alcanzados.

La ley de Fitts se suele utilizar para medir la navegación de las interfaces y, en este punto, suele completarse con la ley de Hick.

4.1.3 Ley de Hick

La ley de Hick hace referencia a un modelo predictivo basado en la Teoría de la Información de Shannon y demuestra que el tiempo que se tarda en tomar una decisión aumenta en función del número de opciones. Cuantas más alternativas u opciones, más tiempo tarda el usuario en tomar una decisión.

Matemáticamente la Ley de Hick ha sido formulada como:

$$\mathrm{T} = \mathrm{b}\ \log_2\ (n + 1)$$

Dónde:

RT es el tiempo medio de reacción necesario para tomar la decisión.

b es una constante empírica que puede ser determinada mediante regresión lineal o ajuste lineal y representa la velocidad. A falta de datos, se puede tomar el valor 150 ms.

n es el número total de opciones.

La razón de sumarle 1 a n es por tener en cuenta la "incertidumbre sobre si responder o no, así como sobre qué respuesta se debe dar".

A continuación se muestra una gráfica de la Ley de Hick para 10 opciones de menú.

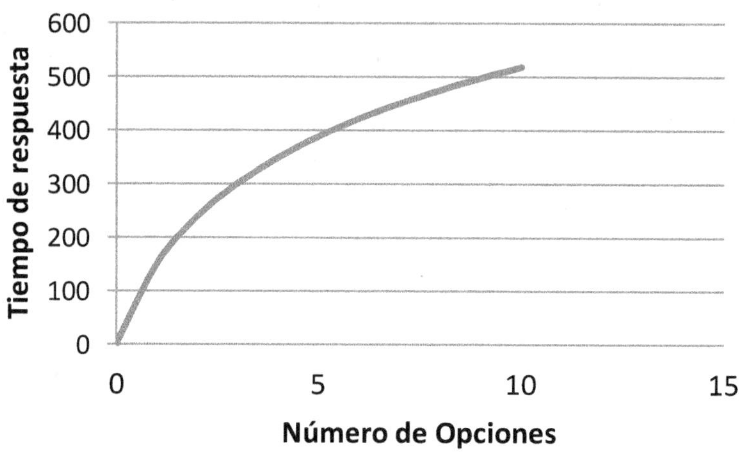

Figura 4.1. Tiempo de respuesta según la Ley de Hick

4.1.4 Ley de los 3 clics

La ley de los tres clics es una regla de diseño web. No es oficial pero sugiere que un usuario debe ser capaz de encontrar lo que quiere o necesita en solo tres clics desde la página de inicio.

Está basada en la premisa de que si un usuario tiene que realizar muchos clics hasta completar a su objetivo, puede frustrarse y abandonar el sitio. Esto se hace especialmente relevante en tiendas online ya que si los usuarios tienen que realizar muchos pasos antes de llegar al producto deseado, estos, pueden abandonar el proceso de compra sin completarlo.

Sin embargo, existen algunas evidencias que afirman que esta regla no es una medida objetiva ya que pueden intervenir muchos factores y, en general, los usuarios no se frustran por los clics sino por no encontrar lo que buscan.

4.1.5 Mapas de calor o heatmaps

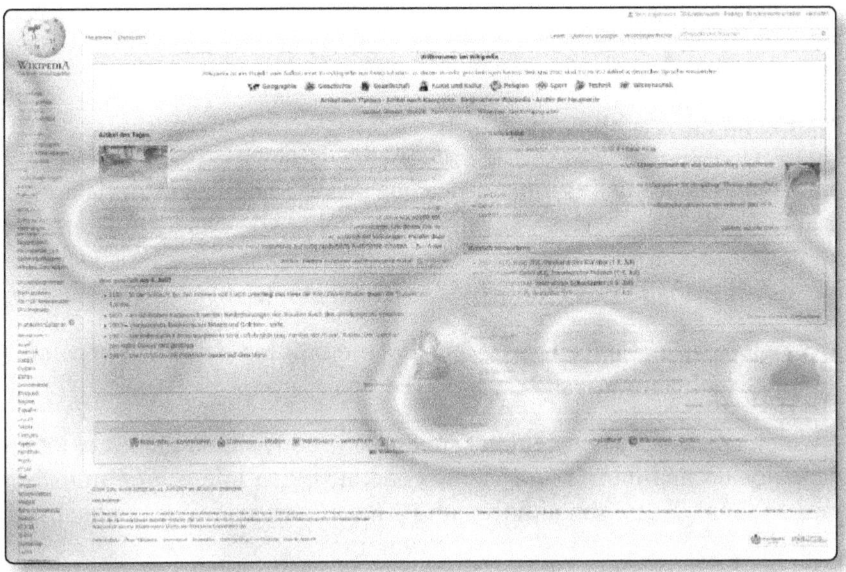

Figura 4.2. Mapa de calor. Autor: Tschneidr (Commons Wikipedia, 2017)

Los mapas de calor son una técnica de analítica web que permite conocer las zonas o áreas en las que interactúan los usuarios.

Se llaman mapas de calor porque, en función del número de usuarios que convergen en un punto, la zona va tomando "temperatura" y va cambiando de tonos fríos como son el azul o verde a tonos cálidos como son el amarillo, naranja o rojo. Los tonos fríos simbolizan poca actividad, mientras que, los tonos cálidos simbolizan un aumento de la actividad en ese punto.

Se utilizan para identificar cuáles son los puntos en los que los usuarios centran su atención a partir de unas interacciones y pautas preestablecidas.

Esta técnica se basa en el concepto de eye-tracking que es una tecnología que permite seguir los movimientos oculares de una persona para inferir qué está mirando en todo momento.

Esto se consigue a través de un monitor especial que lanza rayos infrarrojos a los ojos de quien lo usa (Eye Tracker). Estos rayos rebotan en su pupila y vuelven al monitor, permitiendo así calcular con precisión dónde está mirando. Más tarde, a raíz de los resultados se realiza un mapa de calor que muestra la tendencia y costumbre de los usuarios.

En el uso de eye-tracking como herramienta de evaluación, la información extraída ya no requiere de un análisis y respuesta en tiempo real por el sistema, sino que queda registrada en forma de ficheros de mensajes de texto, para su posterior análisis e interpretación.

4.1.6 Mapas de clics o clickmaps

La analítica de clics es otra técnica que permite adquirir información sobre el comportamiento de los usuarios y es muy útil cuando se desean identificar elementos distractores, conocer la actividad del sistema o interfaz, extraer la tasa de conversión, realizar test A/B o analizar la productividad de los empleados.

El objetivo de esta técnica es ayudar a mejorar los sistemas y mostrar qué es lo que les interesa los usuarios.

Esta técnica se basa en el clickstream, que consiste en grabar la interacción de los usuarios en una interfaz o sistema concretos. Esa interacción transforma las peticiones en señales, que son almacenadas para su posterior representación gráfica.

La analítica de clics no permite hacer un seguimiento del movimiento de los ojos ni estudiar los movimientos del puntero del ratón, sin embargo, si permite generar una representación termo-gráfica a partir de los clics realizados en los botones o enlaces durante la sesión y, además, puede mostrar los caminos que han utilizado los usuarios hasta llegar a un objetivo concreto.

Para hacer uso de esta técnica se pueden utilizar herramientas externas de monitorización de clics o realizar desarrollos a medida que registren las acciones que ejecutan los usuarios durante las sesiones.

4.1.7 Analítica de formularios

La analítica de formularios puede parecer un poco tosca o poco efectiva. La realidad es muy distinta. Con esta técnica se puede comprobar, por ejemplo, el número de usuarios que no ha terminado de rellenar un formulario.

Se puede demostrar que, cuando a un usuario se le solicita que seleccione una opción que no le termina de convencer, aunque esta no sea una obligación, dudan y pueden abandonar. De hecho, sorprende ver que, en los sistemas o interfaces que añaden una casilla de verificación para apuntarse a la newsletter en el formulario de registro, tienen mayor tasa de abandono que los que no añaden la casilla de verificación.

Hay más razones por las que los usuarios pueden abandonar. Porque no utilizan la jerga adecuada y les produce confusión, porque tiene demasiados campos y les provoca frustración o, simplemente, porque no es lo que ellos esperaban.

4.2 MÉTRICAS DE USABILIDAD

Una métrica de usabilidad es una medida destinada a conocer o estimar una o varias características o cosas que surgen de la relación entre una interfaz o sistema y sus usuarios.

Las métricas de usabilidad siguen en muchas ocasiones los mismos principios de SMART que los aplicados a los KPI (Key Performance Indicator o Indicador Clave de Rendimiento). SMART es un acrónimo que se traduce como "Specific, Measurable, Achievable, Relevant, Timely" y significa "Específico, Medible, Alcanzable, Relevante, Temporal".

Sin embargo, las métricas de usabilidad tienen una diferencia clara con las demás y es que revelan la experiencia de los usuarios y la relación existente entre ellos y la interfaz o sistema. En esta relación es cuando se puede medir la efectividad o capacidad de ejecutar y finalizar una tarea con éxito, la eficiencia o cantidad de esfuerzo que necesita el usuario para finalizar la tarea y la satisfacción o cómo de satisfecho se ha quedado el usuario tras realizar la tarea.

Las métricas de usabilidad tienen como finalidad proporcionar respuestas a preguntas que los equipos de diseño y desarrollo, habitualmente, ignoran y no podrían conseguir de ninguna otra forma.

4.3 MÉTRICAS CUANTITATIVAS

Una métrica cuantitativa es una medida objetiva para hacer referencia a un valor específico que representa una cuantía, magnitud o número de cosas.

Las métricas cuantitativas u objetivas tienen en cuenta tanto el tiempo como la cantidad y, a menudo, se utilizan para medir el nivel de productividad de las diferentes áreas de negocio y definir líneas de acción futuras. Ejemplos de métricas cuantitativas son:

4.3.1 Eficacia de la eliminación de defectos

Este indicador es una métrica de eficiencia que proporciona una garantía de calidad medible desde la fase de prototipado. Mide la eficiencia entre los errores encontrados durante el proceso de desarrollo y los errores encontrados por los usuarios después de la entrega.

$$EED = \frac{\mathrm{E}}{\mathrm{E} + \mathrm{D}}$$

Dónde:

EED es eficacia de la eliminación de defectos.

E es el número de errores encontrados antes de la entrega.

D es el número de errores encontrados después de la entrega.

Cuanto más próximo esté el valor a cero, mayor será la eficiencia de eliminación de defectos.

4.3.2 Disponibilidad de la interfaz o sistema

Este indicador es una métrica de eficiencia que muestra la probabilidad de que una interfaz o sistema funcione correctamente con unos requerimientos en un momento dado.

Esta métrica, además, está relacionada con la métrica de facilidad de mantenimiento ya que a menor tiempo de recuperación mayor será la disponibilidad.

Para calcular la disponibilidad se utiliza la fórmula:

$$\mathrm{D} = \frac{\mathrm{T_{MDF}}}{(\mathrm{T_{MDF}} + \mathrm{T_{MDR}})} \times 100$$

Dónde:

D es la disponibilidad.

T_{MDF} es el tiempo medio por fallo.

T_{MDR} es el tiempo medio de recuperación.

4.3.3 Fiabilidad de la interfaz o sistema

Este indicador es una métrica de eficiencia a tener en cuenta aunque solo sea a nivel de desarrollo. En usabilidad también es importante porque determina el tiempo que pueden los usuarios trabajando en la interfaz sin temor a errores.

$$T_{MEF} = T_{MDF} + T_{MDR}$$

Dónde:

T_{MEF} es el tiempo medio entre fallos.

T_{MDF} es el tiempo medio por fallo.

T_{MDR} es el tiempo medio de recuperación.

En consecuencia, cuanto mayor sea el valor mayor será la fiabilidad.

4.3.4 Número de errores

Este indicador es una métrica de efectividad que recoge cualquier tipo de incidencia o error, involuntario o no, que el usuario haya podido cometer durante el proceso de realización de una tarea.

Cuando se encuentra un error, se clasifica, se añade una descripción más o menos corta y se le asigna un grado de importancia que quedará reflejado en los informes.

El número de errores nos proporciona una idea de la calidad de la interfaz o sistema y, gracias a la descripción anexa, se recupera información acerca de los elementos más conflictivos que provocan la confusión al usuario o una desviación del objetivo propuesto por la tarea demandada.

4.3.5 Número de errores por unidad de tiempo

Este indicador es una métrica de efectividad idéntica a la métrica de número de errores pero agrupados por periodos de tiempo. Es frecuente utilizar esta métrica en mantenimientos o desarrollos.

4.3.6 Número de tareas que pueden realizarse

Este indicador es una métrica de efectividad y proporciona una idea sobre la complejidad de la interfaz o sistema y el número de objetivos que pueden realizar los usuarios.

4.3.7 Porcentaje de enlaces rotos

Este indicador es una métrica de eficiencia que proporciona el porcentaje de enlaces rotos es importante desde el punto de vista de la usabilidad y accesibilidad porque impide a los usuarios finalizar la tarea que se habían propuesto. La fórmula para calcular esta medida de eficiencia es:

$$ER = \left(\frac{\mathrm{ER_I} + \mathrm{ER_E}}{\mathrm{ER}}\right) \times 100$$

Dónde:

ER es el porcentaje de enlaces rotos.

ER_I es el número de enlaces rotos internos.

ER_E es el número de enlaces rotos externos.

ER es el número total de enlaces rotos.

Cuanto menor sea el porcentaje, más usable y accesible será la interfaz o el sistema y, como consecuencia, la satisfacción del usuario será mayor.

4.3.8 Porcentaje de presencia de propiedades en los objetos o elementos

Este indicador es una métrica de eficiencia que proporciona el porcentaje de objetos o elementos que carecen de una propiedad concreta. Habitualmente se utiliza para medir la presencia de etiquetas en el código de las interfaces como son la etiqueta ALT o TITLE, que ayudan a los usuarios con problemas de visión y, que son gestionadas por los típicos lectores de pantalla. También se utiliza en accesibilidad web.

$$P_{PC} = \left(\frac{\mathrm{E_{SP}}}{\mathrm{E}}\right) \times 100$$

Dónde:

P_{PC} es el porcentaje de presencia.

E_{SP} es el número de elementos sin la propiedad a medir.

E es el número de elementos con o sin la propiedad a medir.

Cuanto menor sea el porcentaje, más usable y accesible será la interfaz o el sistema y, como consecuencia, la satisfacción del usuario será mayor.

4.3.9 Porcentaje de tareas finalizadas con éxito

Este indicador es una métrica de efectividad que permite conocer el ratio de tareas exitosas aunque se hayan producido errores durante el proceso de realización. Se contabiliza de forma binaria asignando a cada tarea, un 1 si la tarea ha sido realizada con éxito y un 0 si la tarea no ha sido superada o no ha sido finalizada con éxito.

Su fórmula es muy sencilla:

$$P_{TE} = \left(\frac{\mathrm{T_E}}{\mathrm{T_E} + T_F}\right) \times 100$$

Dónde:

P_{TE} es el porcentaje de tareas finalizadas con éxito.

T_E es el número de tareas finalizadas con éxito.

T_F es el número de tareas no superadas.

Si esta métrica se relaciona con la métrica de número de tareas que pueden realizarse, además, proporciona una idea de la facilidad de uso de la interfaz o sistema.

4.3.10 Porcentaje de tareas finalizadas con éxito al primer intento

Este indicador es una métrica de efectividad que permite conocer el ratio de tareas exitosas en el primer intento. Para cada tarea, se le asigna 1 si la tarea ha sido realizada con éxito y 0 si la tarea no ha sido superada.

Su fórmula es muy sencilla:

$$P_{TE} = \left(\frac{\mathrm{T_E}}{\mathrm{T_E} + T_F}\right) \times 100$$

Dónde:

P_{TE} es el porcentaje de tareas finalizadas con éxito.

T_E es el número de tareas finalizadas con éxito.

T_F es el número de tareas no superadas.

Si esta métrica se relaciona con la métrica de número de tareas que pueden realizarse, además, proporciona una idea de la facilidad de uso de la interfaz o sistema.

4.3.11 Porcentaje de usuarios capaces de finalizar las tareas clave sin ayuda

Este indicador es una métrica de efectividad que indica cómo de fácil es de manejar la interfaz o sistema. Cuanto más cerca esté este valor del porcentaje de tareas finalizadas con éxito, más principios de usabilidad se estarán cumpliendo y, por tanto, su usabilidad será mayor.

4.3.12 Tiempo de permanencia

Este indicador es una métrica de eficiencia que proporciona el tiempo que un usuario ha permanecido dentro de una página desde el momento de su entrada hasta que abandona el dominio.

El tiempo de permanencia es una métrica que causa bastante controversia ya que los expertos tienen diferentes opiniones acerca de su fidelidad con lo real. Algunos estiman que el tiempo mínimo que demuestra el interés de un usuario es de 30 segundos, otros dicen que el mínimo son 40 segundos y puede que otros ni se pronuncien, sin embargo, la realidad es que el tiempo de permanencia debe ser estimado en función de los contenidos porque, no es lo mismo estimar lo que puede tardar un usuario en subir un video que en buscar un enlace y pulsar un botón de descargar un software que redirige a otra página.

4.3.13 Tiempo de finalización de la tarea

Este indicador es una métrica de eficiencia que se basa en 3 principios:

- La facilidad de aprendizaje se define como el tiempo que tarda un usuario que nunca ha utilizado la interfaz en realizar una cierta operación.
- La eficiencia de uso se define como el tiempo que tarda un usuario experto en realizar esa misma operación.
- El recuerdo en el tiempo se define como el tiempo que tarda un usuario experto en realizar esa misma operación pasado un tiempo determinado.

Una forma de medir la tasa de uso es a través de la media y la desviación estándar sobre los tiempos invertidos en los tiempos anteriores. Así:

$$M = \frac{(FA + EU + RT)}{3}$$

$$\sigma = \sqrt{\frac{(FA\text{-}M)^2 + (EU\text{-}M)^2 + (RT\text{-}M)^2}{2}}$$

Dónde:

FA es el tiempo de la facilidad de aprendizaje.

EU es el tiempo de la eficiencia de uso.

RT es el tiempo del Recuerdo en el Tiempo.

M es la media aritmética de los tiempos de FA, EU y RT.

σ es la desviación estándar.

Para una casuística con valores de FA = 60, EU = 5 y RT = 10 la desviación estándar es ± 30 minutos.

Para una casuística con valores de FA = 15, EU = 5 y RT = 10 la desviación estándar es ± 5 minutos.

De esto se deduce que, para valores altos, la usabilidad de la tarea en cuestión es baja y que debería ser reanalizada para tratar de disminuir su valor.

4.3.14 Tiempo de latencia

Este indicador es una métrica de eficiencia que proporciona el tiempo que tarda el sistema desde que se envía una solicitud hasta que se devuelve una respuesta al usuario. Se trata de optimizar el tiempo que espera el usuario. Si la tarea requiere de la realización de otras tareas secundarias o dependientes se debe informar al usuario del tiempo pendiente para la finalización de dicha tarea.

Desde su definición, el tiempo de latencia ha sido una medida que se ha asociado al tiempo de atención que puede prestar un usuario:

- 0,1 segundos es el límite para que un usuario perciba la descarga como inmediata.
- 1 segundo es el límite estimado para que un usuario no perciba una interrupción.
- 10 segundos es el tiempo límite que un usuario puede mantener la atención centrada en un diálogo. Después de este tiempo pueden no saber lo que estaban haciendo o pensar que existe un error en la página y cancelar la visita.

El cálculo de este valor suele ser muy tedioso por lo que, generalmente, se establecen unos valores medios por defecto:

- Carga rápida, en menos de 2 segundos.
- Carga normal, entre 2 y 4 segundos.
- Carga lenta, más de 5 segundos.

El tiempo de latencia, en la mayoría de los casos, es susceptible de ser mejorado a través de una buena programación y configuración del sistema.

El tiempo de respuesta del servidor, compresión de archivos, minificación del código y utilización de la caché son algunos de los problemas más frecuentes cuando se analiza la usabilidad en términos de tiempo de latencia.

4.4 MÉTRICAS CUALITATIVAS

Una métrica cualitativa esa una medida subjetiva para hacer referencia a la calidad de una cosa deducida a partir de un análisis personal.

Las métricas cualitativas subjetivas tienen en cuenta la eficiencia y, a menudo, se utilizan para ver el nivel de un servicio o producto. Ejemplos de métricas cualitativas son:

4.4.1 Dificultad de la tarea

Este indicador es una métrica de efectividad que proporciona una valoración subjetiva del usuario sobre la dificultad de una tarea tras realizarla.

4.4.2 Expectativas

Este indicador es una métrica de efectividad que proporciona una valoración subjetiva sobre el nivel de dificultad que esperan encontrar los usuarios a la hora de realizar una tarea y lo que realmente ha sido después de realizarla.

4.4.3 Facilidad de mantenimiento

Este indicador es una métrica de efectividad que proporciona una valoración subjetiva de cómo de simple o sencillo es la mantenibilidad del sistema.

4.4.4 Nivel de satisfacción de la prueba

Este indicador es una métrica de efectividad que proporciona una valoración subjetiva del usuario sobre cómo de ha sido el proceso y resultado de la prueba a nivel de satisfacción.

Suele ser un cuestionario en forma de una o varias preguntas que recogen las impresiones que el usuario ha percibido en cuanto a la facilidad o dificultad del uso general de la interfaz o sistema.

4.4.5 Tiempo de reacción del usuario

Este indicador es una métrica de efectividad que proporciona una estimación subjetiva sobre el tiempo que tardan los usuarios en tomar decisiones.

El Tiempo de reacción de los usuarios, aunque puede demostrarse a través de leyes de Fitts y de Hick de forma cuantitativa, sin embargo, en los informes se suele establecer con un índice bajo, medio o alto.

Para conseguir que el tiempo de reacción disminuya, la recomendación es establecer objetivos grandes, separar las opciones para que no dificulten su legibilidad, agrupar las principales funcionalidades de navegación y no establecer más de 6 opciones en los menús y submenús de navegación.

4.5 OTRAS MÉTRICAS DE INTERÉS

4.5.1 Click Through Rate (CTR)

Este indicador es una métrica de eficiencia que relaciona el número de veces que se ha visualizado una imagen con el número de veces que se ha pinchado. Para calcular el valor de CTR se debe realizar la siguiente formula:

$$CTR = \frac{\text{Número visualizaciones}}{\text{Número de clics}}$$

Cuanto más cerca esté de una relación 1:1, mejor ratio de CTR se obtendrá y, por consiguiente, mayor efectividad tendrá sobre los usuarios.

4.5.2 Páginas vistas / clics

Muchos expertos afirman que está demostrado que existe una alta correlación entre los clics y el tiempo dedicado a cada tarea. Efectivamente, una forma de verlo es solo observando dónde realiza el usuario el primer clic y cómo realiza la navegación. Con este proceso de observación se puede demostrar si el primer clic del usuario va a provocar la finalización de la tarea y, en muchas ocasiones, si va a tener con éxito o no.

4.5.3 Tasa de Conversión

La tasa o ratio de conversión es una métrica de efectividad y satisfacción que indica el porcentaje de las visitas que han finalizado una determinada tarea identificada como objetivo, como puede ser una inscripción, una compra, una descarga o una reserva. Este cálculo refleja el valor comercial de un sitio web y demuestra que es necesario invertir para atraer clientes.

La tasa de conversión es un dato esencial dentro del área del comercio electrónico que se contabiliza de manera binaria entendiendo que 1 es convertido y 0 no convertido.

La forma de calcular la tasa de conversión es a través de la fórmula:

$$CR = \left(\frac{O_C}{T_V}\right) \times 100$$

Dónde:

CR es el ratio o tasa de conversión.

O_C es el Número de objetivos conseguidos.

T_V es el Número total de visitas.

Hay estudios que afirman que la tasa de conversión media está entre un 1% y un 3%, es decir, que solo de una a tres personas realizan el objetivo.

Cuando el ratio de conversión es muy bajo se suele atribuir a factores como no tener claros los objetivos, demasiada información o contenido, formularios con muchos campos o por problemas de usabilidad como un mal diseño.

4.5.4 Tasa de rebote

La tasa de rebote es una métrica de efectividad y satisfacción que indica el porcentaje de visitantes que abandona un sistema. También se puede definir como el porcentaje de sesiones en las que un usuario ha abandonado el sistema sin interactuar con él.

Hay muchas razones por las que un usuario puede abandonar una interfaz o sistema, sin embargo, las más frecuentes suelen ser la falta de usabilidad por un diseño cuestionable, insuficiencia de contenidos o porque, simplemente, consiguen lo que quieren y ya no desean leer más.

Por este motivo hay que saber diferenciar cuando una visita es un rebote y cuando no.

Una de las formas es mirar el tiempo de permanencia de ese usuario en la página y comprobar si es suficiente para descartar dicho rebote. El tiempo mínimo estimado para descartar un rebote se ha fijado en 30 segundos, más allá de ese tiempo se considera que el usuario está interesado y por tanto no es un rebote.

$$T_R = \left(\frac{T_U}{T_V}\right)$$

Dónde:

T_R es la Tasa de Rebote.

T_U es el Número total de visitas que acceden una única vez.

T_V es el Número total de visitas.

4.5.5 Ticket medio

Es una métrica utilizada en los comercios electrónicos para calcular lo que gastan los usuarios de media. La forma de calcularlo es a través de la fórmula:

$$T_M = \frac{IT}{NP}$$

Dónde:

TM es el ticket medio.

IT son los ingresos totales.

NV es el Número de pedidos.

Por lo tanto, si el valor del ticket medio sube, los clientes están gastando más dinero en cada compra, lo cual resulta importante e interesante.

5

MÉTODOS DE EVALUACIÓN

"El buen diseño es obvio. El gran diseño es transparente."

Joe Sparano

5.1 TEST HEURÍSTICO

Como se dijo en capítulos anteriores, la evaluación heurística es un tipo de método de inspección de usabilidad donde unos expertos en usabilidad analizan y verifican si cada elemento de la interfaz de usuario concuerda con unos principios de usabilidad vigentes.

5.1.1 Creación de un test heurístico

Para desarrollar un test heurístico primero hay que conocer bien las tareas que se van a realizar y el perfil de los usuarios que van a utilizar el sistema o interfaz. Una vez hecho esto, se debe elaborar un cuestionario que adecúe los criterios y objetivos al contexto en el que se está trabajando.

Para poder evaluar este cuestionario se debe establecer un sistema de mediciones que permita cuantificar la información. Este sistema debe poder jerarquizar la criticidad de los problemas de usabilidad para conseguir priorizar y desarrollar las políticas de rediseño.

Cuando se habla de criticidad en análisis heurísticos, se suele cuantificar en forma de severidad y prioridad. La severidad, viene referida a la exactitud y rigor en el cumplimiento de una ley, una norma o una regla. La prioridad se refiere a la relevancia de la incidencia o problema.

Severidad	Descripción	Prioridad
4	Problema bloqueante	Imperativa
3	Problema grave	Alta
2	Problema menor	Baja
1	Problema cosmético	-
0	No supone un problema	-

Tabla 2.1. Tabla de severidades y prioridades utilizada típicamente en los test heurísticos

Sin embargo, para obtener una visión más realista del estado del sistema o interfaz, también se hace necesario definir una escala de frecuencia dónde los valores de frecuencia (f) pueden verse ajustados para que cada calificación o estado coincida con los valores obtenidos en las pruebas de evaluación de usabilidad.

Calificación	Frecuencia (f)
4	$f > 90\%$
3	$50\% < f \leq 90\%$
2	$25\% < f \leq 50\%$
1	$10\% < f \leq 25\%$
0	$0\% < f \leq 10\%$

Tabla 2.2. Tabla de posibles frecuencias de un test heurístico

Finalmente se debe elaborar un documento que consolide e identifique los resultados obtenidos en el test heurístico.

5.1.2 Proceso de evaluación de un test heurístico

Los cuestionarios heurísticos se deben realizar con tres o cinco expertos que irán evaluando y validando todas las áreas que contemplan los principios heurísticos y que, habitualmente son los de Jakob Nielsen.

Estos expertos asumen diferentes roles y trabajan, de forma independiente, en distintos escenarios. Además, se suelen ubicar físicamente en lugares separados, unos de otros, para evitar que sus criterios puedan verse influenciados por los demás.

Cada experto debe intentar ponerse, lo más posible, en la piel de los usuarios finales que representa y disponer de los mismos recursos para que el análisis sea lo más objetivo posible. Por ejemplo, si los usuarios tienen algún tipo de ayuda externa, el experto también debe tenerla a su disposición.

El proceso de evaluación debe realizarse, al menos, dos veces con el fin de lograr un análisis objetivo del diseño de la interfaz o sistema. En general, cuanto mas se incremente el número de evaluaciones, más subirá la proporción de usabilidad.

5.2 TEST DE USABILIDAD

Los Test de Usabilidad es una técnica usada en el diseño de interacciones centrado en el usuario para evaluar un producto a través de un cuestionario.

Un test de usabilidad es una buena forma de averiguar lo que los usuarios perciben y desean. Para llevarlo a cabo se debe seleccionar a un grupo de usuarios y solicitarles que lleven a cabo unas determinadas tareas para las cuales, el sistema o interfaz, fue diseñada. Durante el proceso, los diseñadores, desarrolladores y demás involucrados toman nota de la interacción, los errores y dificultades con las que se encuentran los usuarios.

Como se ha visto en el recorrido cognitivo, no es necesario que se tenga una aplicación completamente terminada, puede tratarse de un prototipo o, incluso, un prototipo inacabado.

Crear un test de usabilidad no es cosa fácil. Los problemas que causa un mal diseño pueden traducirse en que los usuarios no ejecuten el flujo de trabajo correctamente obteniendo resultados inexactos. Es más, puede que, incluso, malinterpreten las instrucciones o no las entiendan y el resultado de la evaluación muestre datos falsos.

Las métricas adquiridas en un test de usabilidad son:

- **Exactitud:** Número de errores cometidos por los sujetos de prueba y si estos fueron recuperables o no al usar los datos o procedimientos adecuados.
- **Tiempo:** Tiempo requerido para concluir la actividad.
- **Recuerdo:** Qué tanto recuerda el usuario después de un periodo sin usar la aplicación.
- **Respuesta emocional:** Cómo se siente el usuario al terminar la tarea (bajo tensión, satisfecho, molesto, etcétera).7

5.2.1 Etapas de un test de usabilidad

5.2.1.1 PLANIFICACIÓN DEL TEST

En esta fase se desarrolla un documento que contiene una explicación de los roles de usuario que van a intervenir, qué pasos se van a seguir y una revisión de los recursos disponibles.

5.2.1.2 BÚSQUEDA DE PARTICIPANTES

Como se ha dicho anteriormente, si son usuarios experimentados, basta con tres o cinco, si no lo son, habrá que buscar tantos usuarios con conocimientos suficientes en el área a testar como tareas a evaluar. Una buena elección de los participantes puede significar que se detecten más del 70 por ciento de los problemas de usabilidad.

Los usuarios deben tener el mayor número de diferencias entre ellos para proporcionar datos más completos.

En macro proyectos o proyectos con multitud de usuarios de diferentes categorías, status sociales y/o cultura, es conveniente hacer estudios con subgrupos de cada tipo de usuario y con un número de componentes de entre 5 y 10 cada uno (cada subgrupo).

5.2.1.3 PREPARACIÓN

Se escribe el guion detallado sobre qué tareas van a realizar los usuarios con una estimación de la duración del test. La preparación del test se puede plantear de forma jerarquiza, agrupada o en formato lista y, entre los temas más habituales, podemos encontrar preguntas acerca del color y diseño, la navegación, calidad de los contenidos, legibilidad, formularios, búsquedas y resultados, retroalimentación, documentación y ayuda.

Las tareas deben ser adecuadas para no proporcionar datos ambiguos.

No debe ser muy extenso ya que, pasado un tiempo, los usuarios pueden llegar a estar mentalmente cansados y no proporcionar resultados fiables. Una medida habitual son unos 15 minutos por persona.

Cuando se escriba el cuestionario se debe intentar darle un formato atractivo y envolvente para que los participantes estén predispuestos y se sientan cómodos a la hora de realizarlo. Debe parecer más un recorrido que una lista de tareas y la información se debe proporcionarse en pequeñas cantidades para no ayudarles más de lo necesario.

5.2.1.4 TESTEO

Una recomendación habitual es realizar un ensayo del cuestionario antes de experimentar con usuarios reales. Es importarte verificar que el test está alineado con los objetivos que se desean cumplir y cuanto de fácil es comprender y manejar la interfaz o sistema.

La prueba real a los usuarios ha de hacerse de uno en uno en un entorno controlado sin distracciones. Los participantes irán completando las tareas comentando en voz alta todo lo que piensan, sienten y dificultades que van encontrando.

Por su parte, el evaluador, debe observar las reacciones, gestos y mirada tomando notas. No ayudará a los participantes a completar las tareas ni les permitirá estar mucho tiempo en silencio y, se les establecerá un tiempo máximo para la finalización de la tarea marcándolas, en caso contrario, como inacabadas. Tampoco se debe dirigir a los encuestados o participantes.

5.2.1.5 ANÁLISIS DE DATOS

Una vez realizados los cuestionarios se recogen los datos y se analizan desde un punto de vista cuantitativo, cualitativo y semántico. Hay que tener especial cuidado al analizar los comentarios de los usuarios ya que, habitualmente, son muy personales y, a veces, irrelevantes.

5.2.1.6 CREACIÓN DEL INFORME

El informe debe contener una lista detallada de los problemas de usabilidad y las posibles soluciones propuestas. Esta lista puede, además, contener datos cuantitativos y cualitativos sobre cada uno de los problemas expuestos.

5.2.2 Ejemplos de preguntas de un test de usabilidad

Ejemplo 1

IDENTIDAD

1. ¿Con la información presentada en pantalla es posible conocer la empresa a la que pertenece el sitio web?

   ____

   ____

2. ¿Los colores que se utilizan en la web los identifica con la imagen corporativa de la empresa?

NAVEGACIÓN

3. ¿Hay elementos en la landing page y demás páginas que le permitan saber dónde se encuentra y cómo ha llegado hasta ahí?

   ____

   ____

4. ¿Cómo vuelve a la página de inicio desde cualquier otra página?

   ____

   ____

Ejemplo 2

Tarea 1. Proceso de registro en la plataforma.

Esta tarea consiste en registrarse en la plataforma como usuario rellenando el formulario todos los campos del formulario. No es necesario introducir datos reales, sin embargo, pueden ser de gran ayuda.

Eficiencia

- Tiempo total de finalización con todos los campos ☐
- Tiempo de finalización sin datos opcionales ☐

Eficacia

- ¿Ha conseguido registrarse? ☐
- ¿Se han producido errores de entendimiento? ☐
- ¿Le ha costado introducir algún dato más de lo habitual? ☐
- ¿Está satisfecho con el proceso? ☐

Comentarios adicionales

____

____

____

____

____

____

____

____

5.3 TEST A/B

Un test A/B es un experimento en el que se analizan dos versiones de un mismo producto para identificar y maximizar un determinado resultado sin que los usuarios finales lo noten. Consta de dos partes, la primera se denomina "de control" y a la segunda "variante". Si el número de variantes es mayor que uno, se produce una modificación llamada "split test" que genera una versión para cada una de las variaciones que aplican sobre la versión de control.

Normalmente, se utilizan en el ámbito de la analítica web y marketing digital, sin embargo, en el campo de la usabilidad y diseño web se utilizan también para la preparación de prototipos y mejora de las funcionalidades. Un ejemplo de uso típico es realizarlo en el carrito de la compra de un e-commerce ya que se puede conseguir bajar la tasa de abandono e incrementar los beneficios económicos al optimizar el proceso de compra y su funcionalidad.

Existen muchas razones por las que se deben realizar test A/B pero cabe destacar que una de las más importantes es la de conocer y entender a nuestros usuarios. De esta forma se mejora la rentabilidad, la imagen de la marca, incrementa la fidelización e se innova de acuerdo a un pensamiento colectivo.

Prácticamente todo se puede medir si se le puede asignar un ratio de éxito. La calidad de los contenidos, la facilidad de lectura, los colores, la estructura visual, la legibilidad, las campañas publicitarias, clics en un banner. Para decidir qué medir, lo primero es conocer cuál es el objetivo y que beneficio puede aportar. Los datos obtenidos permitirán evaluar las diferentes versiones y conseguir el objetivo codiciado.

5.3.1 Etapas de un test A/B

5.3.1.1 ANÁLISIS DEL PROCESO

Lo primero que hay que hacer es dividir el proceso en pasos más pequeños para conocer el proceso y averiguar cómo funciona intentando encontrar los fallos y mejoras.

5.3.1.2 ESTABLECIMIENTO DE HIPÓTESIS

Una vez se sabe cómo funciona y cuáles son los errores susceptibles de tener mejora, se lanzan hipótesis para realizar los futuros cambios y probarlos en las diferentes versiones.

5.3.1.3 ELABORACIÓN DE LAS VARIANTES

Con las ideas claras se realizan las modificaciones en la interfaz o sistema y se establecen los medios para poder ponerla en marcha. La creación de variantes se puede realizar a través de herramientas ya creadas como CrazyEgg o Google Analytics o a través de modificaciones en el código.

5.3.1.4 ACTIVACIÓN Y TESTING

Lo habitual es establecer unas fechas de inicio y finalización de test y, si durante el proceso de testing se prevé que no se van a recoger suficientes datos, se mantiene abierto hasta que se obtenga un volumen suficientemente elevado como para extraer las conclusiones y averiguar si las hipótesis eran o no correctas.

En el caso de los resultados no sean suficientemente significativos u objetivos se deberá volver a empezar el proceso desarrollando nuevas hipótesis y variantes.

5.4 MÉTODO SIRIUS

5.4.1 Qué es Sirius

El método Sirius es un sistema de evaluación de la usabilidad web que ha sido propuesto por Mª del Carmen Suárez Torrente en su tesis "Sirius: Sistema de Evaluación de la Usabilidad Web Orientado al Usuario y basado en la Determinación de Tareas Críticas" y desarrollado por Olga Carreras. Parte de la evaluación heurística y puede ser aplicado a cualquier sistema o interfaz durante todo el ciclo de vida del proyecto.

El método Sirius se caracteriza porque permite cuantificar y comparar la mejora de usabilidad de un sistema en el tiempo, comparar la usabilidad de diferentes sistemas de características similares, comparar el nivel de usabilidad obtenido en relación con las ventas, establecer clasificaciones y rankings en base a la usabilidad y determinar la relación entre usabilidad y accesibilidad.

Sirius, además, realiza una clasificación que tiene como objetivo adaptar los resultados de la evaluación del sistema a la categoría del mismo y determinar para cada tipo de sitio las tareas que se consideran críticas y el perfil de usuario más habitual del mismo.

5.4.2 Heurísticas y subheurísticas

Para la realización del proceso de evaluación se establece una única relación de elementos a evaluar denominados criterios (subheurísticas) que se encuentran agrupados en aspectos (heurísticas).

Las heurísticas definidas son los aspectos generales, identidad e información, estructura y navegación, rotulado, layout de la página, entendibilidad y facilidad en la interacción, control y retroalimentación, elementos multimedia, búsqueda y ayuda.

Los criterios de los **aspectos generales** se definen como los elementos relacionados con los objetivos del sistema, el look & feel, coherencia y nivel de actualización de contenidos.

Los criterios de la **identidad e información** se definen como los elementos relacionados con la identidad del sitio, la información proporcionada sobre el proveedor y la autoría de los contenidos.

Los criterios de la **estructura y navegación** se definen como los elementos relacionados con la idoneidad de la arquitectura de la información y la navegación del sitio.

Los criterios del **rotulado** se definen como los elementos relacionados con la significación, corrección y familiaridad del rotulado de los contenidos.

Los criterios del **layout de la página** se definen como los elementos relacionados con la distribución y el aspecto de los elementos de navegación e información en la interfaz.

Los criterios de la **entendibilidad y facilidad en la interacción** se definen como los elementos relacionados con la adecuación y calidad de los contenidos textuales, iconos y controles de la interfaz.

Los criterios de **control y retroalimentación** se definen como los elementos relacionados con la libertad del usuario en la navegación y la información proporcionada al mismo en el proceso de interacción.

Los criterios de **elementos multimedia** se definen como los elementos relacionados con el grado de adecuación de los contenidos multimedia al sistema.

Los criterios de **búsqueda** se definen como los elementos relacionados con el buscador implementado en el sistema.

Los criterios de **ayuda** se definen como los elementos relacionados con la ayuda ofrecida al usuario durante la navegación por el sistema o interfaz.

5.4.3 Métrica de evaluación

A la hora de valorar los criterios se establecen unos valores que indican el grado de conformidad del evaluador con el cumplimiento del criterio y si el criterio se cumple. Si el criterio no se cumple se añade, además, en qué extensión se detecta el problema de usabilidad.

La relevancia de los aspectos o heurísticas se clasifican en muy alta, alta, media y baja.

Aspecto	Valor de relevancia
Muy alta	4
Alta	3
Media	2
Baja	1

La relevancia de los criterios o subheurísticas se clasifican en críticas, mayores, medias y moderadas.

Criterio	Valor de relevancia
Crítica	8
Mayor	4
Media	2
Moderada	1

El valor de relevancia de los aspectos matizará los resultados de la evaluación, de manera que ante dos criterios de igual criticidad, será la relevancia del aspecto al que pertenecen la que determine cuál de ellos será prioritario para su corrección.

Para obtener el valor cuantitativo se tienen en cuenta dos conceptos:

- **El factor de corrección**: valor de ajuste, expresado en forma percentil, que se aplica a cada uno de los criterios evaluados con el fin de obtener diferentes niveles de usabilidad dependiendo de la relevancia de los mismos en función del tipo de sistema que se está evaluando.
- **El cálculo del Factor de Corrección**: partiendo de los valores correspondientes a los diferentes niveles de relevancia de un criterio, el factor de corrección se calcula dividiendo cada valor de relevancia entre la suma de todos los valores de relevancia de los criterios evaluados.

La fórmula es la siguiente:

$$PU = \frac{\sum_{i=0}^{i=nci}(fci^{*}\ vci)}{\sum_{i=0}^{i=nci}(fci *\ 10)} * 100$$

Dónde:

nce es el número de criterios evaluados y que, como valor máximo será 83 ya que son los propuestos en este sistema Sirius.

vc es el valor de evaluación de un criterio (entre 0 y 10).

fc es el factor de corrección aplicado al criterio evaluado.

El valor del factor de corrección de cada uno de los criterios evaluados se obtiene de la siguiente manera:

$$FCI = \frac{rci}{\sum_{i=1}^{i=nce} rci}$$

Donde:

rc es el valor de relevancia que corresponde a un criterio

Por último, la aplicación web que ha desarrollado Mª del Carmen Suárez Torrente como soporte al proceso de evaluación se ha denominado Prometheus.

5.5 MÉTODO MUSIC

El proyecto MUSiC (Metrics for Usability Standards in Computing), es un método de medición de rendimiento que se ha pensado y desarrollado para satisfacer la demanda comercial. Sigue los principios de la ingeniería de la usabilidad y está respaldado por una amplia gama de herramientas que pueden ser adquiridas en función de las necesidades del desarrollo, presupuesto y plazos.

Los resultados devueltos son medidas de eficiencia y eficacia pero también puede proporcionar otras salidas como son:

- Cómo conseguir unos objetivos integrales y fieles en el contexto.
- La eficacia relacionada con el coste de rendimiento (calculada como efectividad por unidad de tiempo)
- Eficiencia relativa del usuario a través de un indicador referido a la facilidad de aprendizaje.
- Período productivo: la razón de tiempo sin problemas de uso.
- El tiempo empleado para resolver los problemas y de investigación no productiva.

El objetivo más importante del método es formar parte integral de los procesos de desarrollo basándose en prototipos y el mejoramiento iterativo, desde las primeras etapas del desarrollo hasta la entrega final y puesta en producción.

Los pasos necesarios para evaluar la usabilidad y obtener sus resultados se presentan a continuación.

- Definir el producto a ser evaluado.
- Definir el contexto de uso.
- Especificar el objetivo de la evaluación y su contexto.
- Preparar una evaluación que cumpla con el contexto de evaluación especificado.
- Llevar a cabo los test de usuario.
- Analizar los datos de los test e interpretar las métricas.
- Crear el informe de usabilidad.

Para que las evaluaciones se puedan ejecutar sin problemas y eficientemente, es conveniente que los estudios se realicen en laboratorios de usabilidad para evitar interrupciones innecesarias al cliente, a no ser que, los factores claves del sistema de información o su entorno ambiental no pueda ser reproducido adecuadamente en el laboratorio.

Una de las herramientas más conocidas que dan soporte al método se llama DRUM (Diagnostic Recorder for Usability Measurement) que se define como un software para realizar estudios observacionales de video asistido. Las sesiones de evaluación se graban en video y posteriormente se analizan con la ayuda de DRUM aunque, también es posible realizar un primer análisis en tiempo real durante la grabación. Además, permite automatizar actividades, crear registros con marca de tiempo para cada sesión de evaluación, calcular medidas y métricas y ayuda a la generación y entrega de retroinformación de diagnóstico relativa a defectos de usabilidad.

5.6 PRUEBAS UNITARIAS

En entornos dónde se realiza desarrollo de software es muy habitual oír hablar de pruebas unitarias. Una prueba unitaria es una forma de comprobar el correcto funcionamiento de una unidad de código y asegurar que funciona de forma eficiente tanto en conjunto como por separado.

Básicamente, lo que hace es verificar que el código fuente hace lo que debe hacer, que los nombres y tipos de parámetros son los adecuados y que el tipo de valor devuelto es correcto.

5.6.1 Creación de una prueba unitaria

La forma de realizar este tipo de pruebas es a través de códigos externos, generados habitualmente, en el mismo lenguaje que el utilizado por el sistema o interfaz. Si la interfaz utiliza PHP, las pruebas unitarias suelen realizarse a través de PHP.

Por ejemplo, si se quisiera comprobar el funcionamiento de un método que tiene como resultado una suma, se debería crear una función que tuviese un valor fijo (que representa el valor esperado) y otro variable (que representa el valor devuelto tras ejecutar la función suma). Si el valor esperado fuese idéntico al valor devuelto y los tipos de datos de E/S también, entonces la prueba habría tenido éxito y se podría asegurar que el método es correcto y que hace lo que se esperaba.

Para que una prueba unitaria sea considerada como efectiva debe cumplir los siguientes requerimientos:

- **Automatizable:** Debe de poder automatizarse sin intervención manual del desarrollador o usuario.
- **Completas:** Deben cubrir la mayor cantidad de código fuente.
- **Reutilizables:** Deben ser pruebas que se puedan utilizar de manera repetida en el tiempo.
- **Independientes:** Deben ser independientes unas de otras sin llegar a afectarse.

Cuando se realizan un conjunto de pruebas unitarias que componen un proceso, se las suele denominar pruebas integrales o de integración.

5.7 PRUEBAS ALFA

Un test de prueba alfa es una de las estrategias de prueba de software más utilizadas en proceso de diseño o desarrollo de aplicaciones. Son un tipo de pruebas finales realizadas antes de que el software se lance al mercado o se ponga en producción.

Son muy útiles, por ejemplo, cuando se desea realizar el prototipo de una interfaz o sistema y no se dispone de los requerimientos necesarios parcial o totalmente. Si los resultados obtenidos fuesen positivos se podría ir por esa vía, de lo contrario, se deberían replantear los requerimientos propuestos.

Los test de pruebas alfa tienen dos fases:

- En la primera fase de las pruebas alfa, el software se prueba por los desarrolladores internos utilizando herramientas complementarias, como depuradores, para detectar errores rápidamente.
- En la segunda fase de las pruebas alfa, el software se entrega al personal de control de calidad del software dónde realizan pruebas adicionales en un entorno similar al real.

Las pruebas alfa, a menudo, se emplean para software comercial como una forma de prueba de aceptación interna, antes de que el software pase al test de pruebas beta.

5.8 PRUEBAS BETA

Los test de pruebas beta son la siguiente fase a los test de prueba alfa y son una estrategia de prueba de software que se realiza cuando el sistema o interfaz está finalizado y se pasa a utilizar en un entorno de real o de producción.

Este tipo de pruebas se vuelven necesarias porque, no importa la opinión que tiene una empresa sobre su producto a lanzar, importa lo que piensan los usuarios, para qué lo utilizan y cómo lo utilizan. Es en estas pruebas dónde suelen salir la mayoría de los errores que no han sido detectados por los desarrolladores ni por el personal de calidad y que se corrigen antes de liberar la versión beta, de ahí su nombre.

Dado que la realización de estas pruebas suele ser un trabajo arduo, tedioso y frustrante y se debe realizar con usuarios finales, por lo general, se consiguen a través de incentivos como descuentos, regalos y, en ocasiones, a través de pequeños contratos temporales. Este tipo de usuarios finales que prueban el producto suelen recibir el nombre de betatester.

5.9 EJEMPLOS DE TEST

5.9.1 Cuestionario de usuario

Nombre y apellidos ☐

Edad Ocupación ☐

1. ¿El sitio web es fácil de navegar?
   - ☐ Sí
   - ☐ No
   - ☐ Mejorable
   - ☐ En contra
2. ¿Es fácil saber el camino que está siguiendo en todo momento?
   - ☐ Sí
   - ☐ No

- ☐ Mejorable
- ☐ En contra

3. ¿La información se encuentra con facilidad?
   - ☐ Sí
   - ☐ No
   - ☐ Mejorable
   - ☐ En contra
4. ¿La organización de los contenidos es adecuada?
   - ☐ Sí
   - ☐ No
   - ☐ Mejorable
   - ☐ En contra
5. ¿La jerga o terminología utilizada es apropiada?
   - ☐ Sí
   - ☐ No
   - ☐ Mejorable
   - ☐ En contra
6. ¿Entiende los mensajes que responde el sistema tras realizar una acción u operación?
   - ☐ Sí
   - ☐ No
   - ☐ Mejorable
   - ☐ En contra
7. ¿El sistema tarda mucho en cargar o dar respuesta?
   - ☐ Sí
   - ☐ No
   - ☐ Mejorable
   - ☐ En contra

8. ¿Puede identificar los enlaces, botones o posibles acciones claramente?

   - ☐ Sí
   - ☐ No
   - ☐ Mejorable
   - ☐ En contra

9. ¿La cantidad y calidad de las imágenes es suficiente?

   - ☐ Sí
   - ☐ No
   - ☐ Mejorable
   - ☐ En contra

10. ¿La cantidad y calidad de los videos es suficiente?

    - ☐ Sí
    - ☐ No
    - ☐ Mejorable
    - ☐ En contra

11. ¿Es posible regresar en todo momento a la página anterior sin perder datos o información?

    - ☐ Sí
    - ☐ No
    - ☐ Mejorable
    - ☐ En contra

12. ¿Es posible restablecer los datos por defecto al recargar la página?

    - ☐ Sí
    - ☐ No
    - ☐ Mejorable
    - ☐ En contra

13. ¿El diseño de la interfaz es apropiado?

- ☐ Sí
- ☐ No
- ☐ Mejorable
- ☐ En contra

14. ¿El sistema tiene todas las funcionalidades y capacidades esperadas?

- ☐ Sí
- ☐ No
- ☐ Mejorable
- ☐ En contra

15. ¿El sistema es estable?

- ☐ Sí
- ☐ No
- ☐ Mejorable
- ☐ En contra

16. ¿El sistema ofrece la ayuda suficiente?

- ☐ Sí
- ☐ No
- ☐ Mejorable
- ☐ En contra

17. ¿Se han encontrado errores durante la duración de la prueba?

- ☐ Muchos
- ☐ Bastantes
- ☐ Algunos
- ☐ Ninguno

18. ¿Cómo calificaría el sistema de forma global?

- ☐ Excelente
- ☐ Bueno
- ☐ Mejorable
- ☐ Deficiente

Escriba los comentarios adicionales que considere importantes o mejoras que realizaría en el sistema.

5.9.2 Cuestionario de evaluación heurística

Introducción

El siguiente test es una evaluación heurística basada en los Principios de Jakob Nielsen para evaluar una interfaz o sistema web. Para la realización del mismo, es importante que primero haya navegado e interactuado con el sitio previendo, desde el inicio, las tareas que desea realizar.

Descripción del sitio

Nombre Sitio / URL			
Nombre Evaluador			
Edad		Experiencia	

Visibilidad del estado del sistema	Nota
El sistema muestra claramente dónde se encuentra el usuario a través de migas de pan, títulos significativos unívocos,...	
Los procesos y pasos están claramente diferenciados	
Se informa al usuario cuando la acción no es instantánea	
Comentarios	

Relación entre el sistema y los usuarios	Nota
El lenguaje es claro	
La jerga o terminología es compresible	
Los iconos sugieren la acción a realizar	
Comentarios	

Control y libertad para el usuario	Nota
El fácil regresar a la página anterior	
Es fácil regresar a la página de inicio desde cualquier página	
Dispone de las acciones de volver atrás o cancelar separadas del resto	
Las páginas se muestran igual en cualquier navegador	
Comentarios	

Control y libertad para el usuario	Nota
El fácil regresar a la página anterior	
Es fácil regresar a la página de inicio desde cualquier página	
Dispone de las acciones de volver atrás o cancelar separadas del resto	
Las páginas se muestran igual en cualquier navegador	
Comentarios	

Consistencia y estándares	Nota
Los nombres de los enlaces y botones representan la acción a realizar	
Existen enlaces que no funcionan correctamente o están rotos	
Son coherentes los contenidos con respecto a sus títulos	
Comentarios	

Prevención de Errores	Nota
Los mensajes y nombres de etiquetas ayudan a no cometer errores	
Las páginas no inducen a cometer errores	
Las validaciones ayudan en la entrada de datos	
Existen errores no tratados prevenibles	
Comentarios	

RECONOCER ANTES QUE RECORDAR	NOTA
Los iconos son legibles y fácilmente reconocibles	
Los enlaces y botones están son claramente diferenciables	
Comentarios	

FLEXIBILIDAD Y EFICIENCIA DE USO	NOTA
El sistema puede es personalizable por el usuario	
Tiene atajos de teclado para las acciones principales	
Comentarios	

DIÁLOGOS ESTÉTICOS Y DISEÑO MINIMALISTA	NOTA
Toda la información mostrada es relevante	
Los contenidos están correctamente estructurados, categorizados y distribuidos	
Los colores son adecuados	
No se abusa de las animaciones y/o efectos	
Comentarios	

Reconocimiento, diagnóstico y recuperación de errores	**Nota**
Los errores son fácilmente reconocibles	
Es fácil recuperarse del error	
Los mensajes de error son claros y concisos	
Con los mensajes de error se proporcionan mecanismos para solucionarlos	
Comentarios	

Ayuda y documentación	**Nota**
Existe algún tipo de ayuda o documento para el usuario	
Si existe, es clara y precisa	
Si existe, la ayuda es fácil de conseguir o adquirir	
Comentarios	

VALOR AÑADIDO	NOTA
Los contenidos son adecuados para los usuarios	
Los contenidos tienen valor añadido para los usuarios	
Cumple algún Nivel de Conformidad de Accesibilidad Web	
Se muestra información adicional antes de la descarga archivos	
La calidad de las imágenes y vídeos es adecuada	
La velocidad de carga es adecuada	
Comentarios	

6

DISEÑO CENTRADO EN LA USABILIDAD

"Me esfuerzo por dos cosas en el diseño: simplicidad y claridad. El gran diseño nace de esas dos cosas"

Lindon Leader

Por norma general los usuarios ojean velozmente, dicho de otra manera, realizan un barrido rápido de los documentos on-line, leyendo palabras y frases sueltas. Esta afirmación supone el 79% de los usuarios de Internet. Solo el 16% leen detalladamente los contenidos mostrados.

En usabilidad cada información compite con el resto por llamar la atención del usuario, con lo que cualquier elemento irrelevante distraerá la atención del documento. Durante el primer barrido rápido se ignoran las áreas de navegación, gráficos y otros elementos de diseño global ya que se suelen centrar en las áreas de contenido.

6.1 LA ARQUITECTURA

La arquitectura cliente-servidor, también llamada sistema software, está formada por un navegador (que funciona como cliente realizando peticiones), un servidor (que recibe las peticiones y responde al navegador) y un protocolo HTTP (que se utiliza como una vía de comunicación entre ellos).

En la arquitectura cliente-servidor, uno de los modelos de desarrollo que más se utilizan es la "programación por capas" y que se compone de una capa de presentación, una capa de negocio, una capa de datos y un "algo" que lo interconecta todo. Cómo se realice esta interconexión es lo que definirá la usabilidad del sistema.

Para que una arquitectura sea usable debe cumplir una serie de requisitos:

- Tener una estructura consistente y bien organizada.
- Establecer un único tipo de documento SGML y un único formato de codificación de caracteres.
- Ser fácil de desarrollar y mantener.
- Ser semántica, es decir, ser capaz de dotar de significado los contenidos.
- Gestionar de forma óptima los sistemas de almacenamiento como la memoria caché o las sesiones.
- Establecer un tiempo de comunicación entre capas no superior a 1.000 ms.

Si se cumplen todos estos requisitos, se podrá asegurar que la elección de la arquitectura es usable.

6.1.1 Hojas de estilo

Las hojas de estilo (CSS), técnicamente, son un documento que define el estilo de una aplicación o página web.

Las hojas de estilo se deben colocar al principio del documento, dentro del elemento contenedor de metadatos HEAD.

En entornos de Desarrollo, es muy frecuente que las interfaces tengan varias fuentes de código CSS. En este tipo de entornos, debe primar la facilidad de mantenimiento y, su distribución en varios archivos puede ser una buena idea. Sin embargo, en entornos de Producción se deben agrupar todos los estilos en un único documento y eliminar todos los caracteres y símbolos que sean innecesarios (minificación). El resultado de esta concentración y minificación puede aumentar la velocidad de carga de forma considerable.

Se debe proporcionar una programación compatible con el mayor número de navegadores posible (programación Cross Browser) a través de:

- La definición de las pseudo-clases adecuadas para los estados especiales de cada elemento.

- Establecimiento de todos los prefijos de los proveedores necesarios como -moz-, -webkit-, -ms-,...). Estos prefijos ayudarán a la compatibilidad regresiva o retrocompatibilidad y asegurarán su buen funcionamiento.
- Tratar de utilizar medidas relativas en vez de medidas absolutas. Las unidades absolutas no funcionan correctamente en todas las resoluciones ni son accesibles. Por esta razón, en vez de píxeles o puntos, se debe utilizar porcentajes o unidades relativas al tamaño de la letra "M".

Es importante averiguar si los usuarios que van a acceder a la interfaz o sistema son invidentes. Si es así, se deben utilizar las propiedades auditivas de CSS para que las tecnologías asistivas puedan usarlas en beneficio de los usuarios. Si además de utilizar las propiedades adecuadas, se definen los selectores, clases e identificadores con una sintaxis acorde a la funcionalidad asociada, se conseguirá facilitar el mantenimiento.

Por último, no se deben cambiar las funcionalidades básicas predefinidas a las que están acostumbrados los usuarios. Esta práctica puede no ser una gran idea ya que les podría provocar confusión. Un ejemplo clarificador podría ser cambiar el subrayado de los enlaces y hacerles parecer texto normal. LA confusión que provocaría a los usuarios sería tal que, probablemente, rechazarían su uso y abandonarían el sistema.

6.1.2 JavaScript

Los archivos de JavaScript deben colocarse dentro del elemento BODY, al final de este. Los navegadores renderizan los contenidos según van llegando, de tal manera que, si encuentra una petición de un archivo de JavaScript, debe esperar a que sea cargado para continuar renderizando. El que los script estén al principio, y no al final, es una de las razones por las que las páginas adquieren un tiempo de latencia elevado.

En entornos de Desarrollo, es habitual que las interfaces tengan varias fuentes de código JavaScript. En este tipo de entornos, debe primar la facilidad de mantenimiento, por lo que lo es bueno que se quede así. Sin embargo, en entornos de Producción se deben concentrar todos los archivos JS en un único archivo. Si además de agrupar todos los archivos JS en un único documento, se minifica dicho archivo, la velocidad de carga de la página aumenta de forma considerable.

Crear comportamientos en JavaScript es bastante más costoso a nivel de procesador que realizarlos en CSS o SVG. Por este motivo, si el desarrollo que se desea realizar en JavaScript puede hacerse desde CSS o SVG, no se debe utilizar JavaScript.

Se debe proporcionar una programación compatible con el mayor número de navegadores posible (programación Cross Browser) a través de:

- Utilización de la versión más actual que se pueda. Por ejemplo, si la interfaz va dirigida a un uso bajo Internet Explorer 8, se debe utilizar ECMAScript v4. Si va dirigido a usuarios con Internet Explorer 11, la versión compatible será la 5.1.
- Un uso limitado y óptimo de los plugins, librerías o frameworks. Añaden otra capa de complejidad al sistema y puede ralentizar el sistema.
- Evitar, en la medida de lo posible, el uso de variables globales. Estas, provocan que el riesgo de colisión aumente y que la mantenibilidad sea más compleja.

6.1.3 Metadatos

Un metadato es un término que se refiere a datos sobre los propios datos. Los metadatos son una información que no se visualiza y que pueden ser usados para clasificar, recopilar datos o configurar los contenidos de la página.

Existen multitud de tipos de metadatos que están enfocados a proporcionar una información.

El modelo de Dublin Core está compuesto por 15 definiciones semánticas descriptivas y que están contempladas por la ISO 15836, y la norma NISO Z39.85-2012.

El protocolo Open Graph permite a cualquier página web convertirse en una plataforma que permite gestionar algunos aspectos sociales. Por ejemplo, cuando se utilizan reproductores multimedia que tienen acceso a través de Facebook, el Open Graph publica lo que se está escuchando para la comunidad a la que se pertenece lo sepa.

El sistema de contenidos enriquecidos de Twitter Cards permite mostrar el contenido de las interfaces en Twitter a través de un conjunto de datos.

En definitiva, se deben añadir todos los metadatos que proporcionen información relevante a los usuarios para proporcionar una experiencia de usuario mayor.

6.1.4 Bases de datos

Las bases de datos son una de "esas cosas" que más puede influir en el rendimiento de las interfaces o los sistemas. El tiempo de latencia, en este contexto, puede ser muy elevado si se realiza una mala gestión de los join entre tablas durante las consultas, si existe una carencia de índices, una mala configuración de la caché, etcétera.

No importa el Sistema Gestor de Base de Datos (SGBD) utilizado, ni tampoco el motor de almacenamiento elegido, lo realmente importante es que se encuentre bien configurado y optimizado, de acuerdo al contexto físico de la infraestructura.

Que un SGBD esté correctamente configurado dependerá mucho del tamaño de la caché, número de consultas frecuentes cacheadas, número de tablas abiertas, número de conexiones, etcétera. Algunos gestores (como Oracle) van mejorando el rendimiento automáticamente según pasa el tiempo y otros (como MySQL) deben optimizarse manualmente.

Subir el valor del tamaño de la caché puede mejorar enormemente los tiempos de respuesta, sin embargo, esto puede ser insuficiente si no se ajusta, además, el tamaño de las consultas que pueden almacenarse en caché. Este ajuste es porque, si las consultas tienen muchos resultados podría llenarse y no dejar que se almacenen las más utilizadas.

Los errores de cotejamiento de datos (que conviven distintas codificaciones como son ISO y UTF-8) en bases de datos pueden provocar también problemas en el proceso de inserción y actualización. Por este motivo, es importante que toda la interfaz y sus bases de datos utilicen el mismo tipo de codificación.

Sin embargo, no todos los problemas de rendimiento residen en la configuración ya que, cómo se realicen las consultas puede producir que los tiempos de respuesta se vuelvan muy altos y pasar a formar parte del grupo que denominan "Slow Queries" o "Consultas lentas". Una consulta lenta es una petición a la base de datos que tarda más tiempo de lo permitido o estimado. En usabilidad se utiliza el principio de tiempo de reacción como punto de partida, en otras palabras, que una consulta no debe tardar más de tres segundos en devolver una respuesta y mostrarla en pantalla.

Una de las vías para conseguir que las queries no sean lentas es establecer las condiciones de filtrado en orden descendente de restricción. Se debe empezar por la condición más restrictiva e ir añadiendo condiciones menos restrictivas para no requerir más memoria intermedia de la necesaria.

Para medir cómo de optimizado está un sistema se pueden hacer unas pruebas de estrés. El problema es que, solo teniendo en cuenta el procesador, la memoria y la caché, el número de transacciones por segundo puede variar mucho. Eso sí, si el número de consultas es muy bajo es probable que haya algún problema con las restricciones, los join, índices o con las claves foráneas.

También se puede mejorar los tiempos de respuesta realizando una asignación adecuada de claves primarias, índices y claves foráneas.

Es un hecho contrastado que todas las tablas deben tener una clave primaria y si se relacionan con otras tablas, se debe establecer una relación a través de claves foráneas para garantizar lo más posible la integridad referencial.

Cuando se tienen que crear claves foráneas únicas o compuestas, una buena praxis que mejora en rendimiento es crear un índice que contenga las mismas columnas que la clave foránea y establecidas en el mismo orden.

Cuando se crean índices compuestos de varias columnas, su disposición puede provocar un descenso importante en el rendimiento si no se especifican en orden descendente por cantidad de uso, es decir, que la primera columna del índice debe ser la más utilizada en la cláusula de restricción. De hecho, si no se colocan las columnas en un orden correcto las consultas podrían no llegar a utilizar el índice y convertirse más en un lastre que en una mejora.

Si se tienen que hacer búsquedas frecuentes con una o varias columnas que ya tienen índice asociado se pueden crear índices compuestos para mejorar la búsqueda pero, esta labor hay que hacerla con sapiencia ya que eso podría provocar índices redundantes. De hecho, un índice redundante puede ser causa de lentitud en las inserciones y/o actualizaciones hasta el punto, de que pueden ser más lentas que sin él.

Cabe destacar un hecho que muchos desarrolladores pasan por alto y es que si se pregunta por campos indexados que contienen valores nulos, la queries pueden volverse visiblemente más lentas. Por esta razón, cuando se tienen este tipo de casos, se debe de crear un índice que lleve una fórmula asociada que convierta los elementos nulos a valores enteros que no formen parte del rango de valores válidos.

Por último, solo desmentir una "leyenda urbana" sobre los joins. No siempre las queries que utilizan joins son más rápidas que las consultas anidadas. Cuando se están optimizando las consultas que se realizan a base de datos hay que probar de las dos formas ya que, en unas ocasiones será más eficaz a través de joins y, en otras, será más eficaz a través de selects anidados.

6.1.5 Seguridad

Antes se hablaba sobre la base de datos y lo importante que es que se encuentre bien optimizada. Dedicarle tiempo a la optimización es una de las mejores cosas que se pueden hacer pero, de nada servirá si la base de datos es susceptible, por ejemplo, a ataques de inyección SQL. Los ataques de este tipo se realizan para adquirir la información almacenada de forma ilícita. Si no se consigue evitarlos, se estará condenando al sistema o interfaz a su extinción por ser inseguro.

Lo mismo pasa si se centra la atención en los lenguajes de la capa cliente de tipo script. En esta capa se pueden producir ataques de XSS (Cross Site Scripting) y que, básicamente, lo que permiten es ejecutar código malicioso (normalmente en JavaScript) ajeno a la interfaz para robar la información de las cookies, sesiones, redireccionar a sitios dañinos o instalar malware y otra serie de acciones malintencionadas.

Otras vulnerabilidades que hay que tratar de evitar son las de seguridad en capas de transporte (TLS). En estas capas suelen darse mucho los ataques denominados "Man-In-The-Middle" que consisten en que un atacante puede interceptar los datos que se intercambian entre dos sistemas y, más tarde, puede reenviarlos después de haberlos leído o manipulado. El TLS puede ser también susceptible a otras vulnerabilidades que se dan en el proceso de conexión y en el cifrado. Por esta razón, la TLS debe estar siempre actualizada a la última versión.

En lo referente al protocolo HTTPS, no solo es una buena idea porque las transacciones se realicen de forma más segura al añadir una capa adicional de cifrado, también porque los motores de búsqueda penalizan las webs que no tengan certificaciones SSL.

Pero, la optimización de la seguridad desde el punto de vista de la usabilidad no solo está en dar soluciones a las vulnerabilidades que puedan surgir, también es hacer la comunicación más sencilla sin que se pueda perder la confianza del usuario ni el fácil manejo. De hecho, hay una parte de la IPO/HCI que solo se centra en la seguridad que se denomina HCISec.

El HCISec es una disciplina emergente que se debe considerar en las primeras etapas del proyecto. El conocimiento convencional asegura que la usabilidad y la seguridad están en contraposición y, en mi opinión y la otros muchos, la realidad no puede ser más diferente puesto que si un software no es seguro y utilizable, al final, no será ni una cosa ni la otra.

Sin embargo, otros autores manifiestan que esta afirmación es incorrecta ya que opinan que siempre que se enriquece una de las partes, las otras quedan más al descubierto. Incluso pueden intentar justificarlo con el famoso triángulo de Seguridad-Funcionalidad-Usabilidad diciendo que los productos de software se van enfocando según las necesidades de usuario y según quién lo esté desarrollando. Si esto se hace así, entonces se está entendiendo mal el concepto de este triángulo pues lo que busca es el equilibrio entre las tres partes, no justificar la penalización cuando se prioriza o da más importancia a una de ellas.

¿Entonces, qué es un software seguro y utilizable?. En un primer momento, se podría decir que un software es usable y seguro cuando minimiza los errores involuntarios o inconscientes y evita o controla todas las acciones no deseables en cualesquiera de sus capas.

Según el HCISec, un software es seguro y usable si los usuarios que van a utilizar el sistema o interfaz son conscientes de las tareas de seguridad que tienen que llevar a cabo, son capaces de finalizar con éxito las tareas, no cometen errores peligrosos y se sienten tan satisfechos con el resultado que volverían a utilizarlo. Un ejemplo para entender esto podría ser el proceso de definición de una contraseña. Si los usuarios saben qué características debe tener, cómo definirla, la entrada de datos impide que cometan errores y, al final, quedan satisfechos con su contraseña, se puede afirmar que es seguro y usable.

El problema es que para conseguirlo, hay que aplicar políticas de seguridad que la mayoría de usuarios no comprenden y, a consecuencia de esto, se hace muy difícil adquirir abstracciones fáciles de implementar. Además, es muy complicado conseguir la retroalimentación adecuada para que todos los usuarios puedan avanzar sin provocarles frustración o desesperación.

Por todo lo anterior y algunas razones más, las contraseñas no son el mejor método para proporcionar seguridad. Lo más grave es que, hoy en día, se sigue viendo que muchas empresas tienen "varias contraseñas" para acceder a cada subsistema o servicio y no, esa no es la solución. No porque se tenga que realizar un mayor número de autenticaciones se está siendo más seguro, en realidad solo lo hace más incómodo. Para solucionar esta parte lo que está utilizando, desde hace años, es el procedimiento de autenticación Single Sign On (SSO) que permite acceder a varios sistemas mediante una única instancia de identificación o validación.

Al final, el objetivo del HCISec trata de conseguir que la usabilidad de la seguridad llegue a las aplicaciones de los usuarios que las utilizan. No se pretende que se definan y utilicen mecanismos de seguridad más simples, lo que se pretende es que sean más fáciles de utilizar, como es el caso de SSO.

6.2 ESTRUCTURA

Grosso modo, en la estructura de un documento web se pueden distinguir 3 partes, la cabecera, el pie de página y el contenido.

6.2.1 Cabecera

La cabecera es un elemento de la interfaz que, al igual que el pie de página, debe ser constante en todas las secciones o páginas. Al igual que el pie de página, debe diferenciarse del resto de elementos pero no destacar demasiado para no distraer la atención del usuario.

La información que en ella se encuentra suele ir englobada dentro del elemento HEADER.

Al ser una sección con mucha visibilidad debe contener los principales elementos de identidad, acceso e información para el usuario:

- Logo de la empresa u organización con un enlace a la página de inicio.
- Un buscador que permita acceder a la información de forma rápida y efectiva.
- El menú de navegación con las principales acciones a realizar.
- Selector de idioma.
- Información y acceso sobre el usuario logeado.
- Si es un comercio electrónico se debe establecer un indicador con el número de elementos en la cesta de la compra, un acceso a la página del carrito o cesta de la compra, un resumen del su contenido y, si procede, un selector de cambio de moneda.

6.2.2 Pie de página

El pie de página es un elemento de la interfaz que, al igual que la cabecera, debe ser constante en todas las secciones o páginas. Al igual que la cabecera, debe diferenciarse del resto de elementos pero no destacar demasiado para no distraer la atención del usuario.

La información que en ella se encuentra suele ir englobada dentro del elemento FOOTER.

Al ser una sección de poca visibilidad debe contener los elementos más informativos sobre la empresa u organización:

- Acceso a los textos legales y normas, a través de enlaces, como son la información corporativa, condiciones de uso, avisos legales, política de cookies, política de privacidad, etcétera.
- Información sobre las distintas formas de pago y envío.
- Información de cómo contactar y, si procede, acceso al formulario de contacto.
- Acceso a las diferentes redes sociales de la empresa u organización.

6.2.3 Reglas sobre el contenido

El contenido de un documento debe estar estructurado y organizado para adquirir significado propio. De hecho, existen varias etiquetas o elementos para definir cada una de las áreas del contenido.

Hay unas reglas básicas que no deben romperse:

- Solo puede existir un encabezado de nivel 1 en el documento. Este debe de coincidir con el elemento título del documento.
- El orden de los niveles de encabezado no se puede romper. Por ejemplo, no se puede empezar por un nivel 2 ni establecer, después de un nivel 1, un nivel 3.
- Una sección genérica puede contener uno o varios artículos, cero o varias secciones genéricas y cero o varias secciones laterales.
- Una sección lateral solo puede contener contenido no directamente relacionado con el contenido principal como pueden ser una lista de enlaces externos o categorías, acciones secundarias de un perfil de usuario, calendarios, publicidad,...
- Un artículo no debe contener secciones genéricas ni laterales y solo puede tener una cabecera y un pie.
- Una cabecera solo puede contener un nivel de encabezado que indica el título del artículo.

- El pie del artículo solo puede contener las acciones asociadas (como el enlace de para continuar la lectura o compartir el artículo), información sobre el autor o de contacto (ambos dentro de un elemento de dirección) o datos sobre los derechos.

Si el contenido es una imagen o un video debe ir encerrado dentro de un elemento de contenido independiente y con un elemento de subtítulo o leyenda, si procede.

Etiqueta HTML	Hace referencia a
SECTION	Una sección genérica.
ARTICLE	Un artículo.
ASIDE	Una sección lateral.
HEADER	Una cabecera de artículo o página.
H1..H6	Los niveles de encabezado.
FOOTER	El pie del artículo o página.
FIGURE	Un contenido independiente.
FIGCAPTION	Un subtítulo o legenda.

Tabla 6.1. Equivalencias HTML

6.3 LAS FORMAS

La psicología de las formas es uno de los recursos más utilizados cuando se están creando logos o se desea evocar sensaciones concretas en los diseños.

6.3.1 El círculo

Es una de las formas más utilizas puesto que simboliza la vida y evoca la perfección y el infinito. Es la madre de todas las formas por ser el modelo perfecto del que se derivan las demás formas.

En geometría, el círculo comienza desde un único punto central que se encuentra rodeado por infinitos puntos a una distancia equidistante.

Es un recurso muy utilizado cuando se desea hacer referencia a grupos de personas como colectivos, organizaciones sin ánimo de lucro, organizaciones globales, agencias gubernamentales.

6.3.2 La línea

Una vez que se tiene el primer círculo, si se dibuja otro desde su borde exterior, se da la posibilidad de poder interconectar ambos puntos centrales y crear una línea. Esto establece una zona que simboliza una relación entre los círculos y representa los polos opuestos trabajando juntos como es el producido en una fusión entre organizaciones o empresas.

Es un recurso muy utilizado cuando se desea hacer referencia a la unión, cooperación o dinamismo. Si la línea es curva suele identificarse con el movimiento y amistad del círculo. Si es vertical suele asociarse al equilibrio y actividad. Si es horizontal suele asociarse al equilibrio y calma. Si es diagonal suele asociarse a la inestabilidad y la tensión.

Si se establecen dos líneas paralelas y horizontales separadas con una cierta distancia suele representar igualdad, sin embargo, si se establecen en vertical puede simbolizar soledad o castigo.

Todo esto lo dejó muy claro el arquitecto paisajístico John Ormsbee Simonds en su libro Landscape Architecture de 1961. En este libro se demuestra, por ejemplo, que una línea recta horizontal puede representar horizontalidad, calma, pasividad, terrenal o satisfacción y que una línea vertical puede representar dramatismo, nobleza, verticalidad o inspiración.

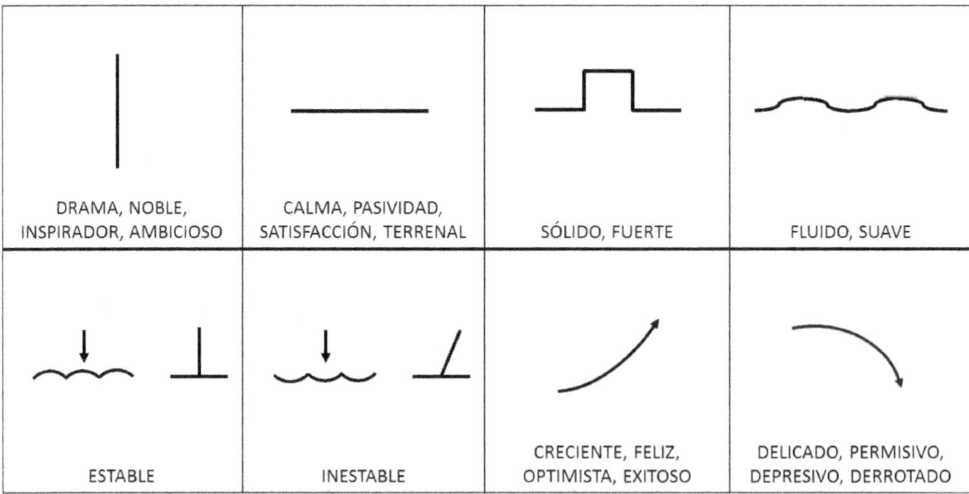

Figura 6.1. Estados de ánimo dependiendo de cómo se dibujen las líneas. Basado en la infografía de Rikard Rodin.

En el diseño de interfaces también se las utiliza para establecer límites o separación entre secciones y/o contenidos.

6.3.3 El triángulo

Una vez que se ha definido la línea, realizando uniones de estas, se pueden crear nuevas formas. Si se unen tres líneas rectas conectadas por sus extremos en un plano bidimensional se obtendrá un triángulo. El triángulo tiene mucha más libertad que la línea ya que puede moverse en cualquier dirección a lo largo de los ejes X e Y, en vez de adelante y atrás.

Es un recurso muy utilizado cuando se desea hacer referencia a crecimiento, seguridad, justicia, ciencia y poder, avance o retroceso y cambio de dirección.

Si el triángulo está apoyado sobre su base transmitirá seguridad o esperanza, sin embargo, si está en posición contraria transmitirá punto de referencia como representado la cabeza de una flecha. También se le suele asociar con las 3 dimensiones y con la transformación. Por esta razón, todos los términos que contienen el prefijo tri- o trans- lo suelen utilizar.

6.3.4 El cuadrado

Si se unen cuatro líneas rectas conectadas por sus extremos y, todas ellas, formando un ángulo recto, tendremos un cuadrado.

Es un recurso muy utilizado cuando se quiere expresar equilibrio, estabilidad, honradez, limpieza, pureza, seguridad y diligencia. Esta es la razón por la que los bancos recurren tanto a esta forma.

6.3.5 El polígono

Si se unen cinco líneas por sus extremos se puede llegar a crear el pentágono y, con él, también se puede dibujar la estrella de cinco puntas en su interior. El pentágono es un recurso que se suele utilizar cuando se desea hacer referencia a la naturaleza, la armonía o lo orgánico.

Si se unen seis líneas por sus extremos se podría llegar a formar el hexágono y que la suele utilizar para hacer referencia a la inteligencia, perfección, sinergia, sabiduría y unidad.

6.3.6 La espiral

La espiral es una forma helicoidal que está muy presente en los seres vivos y en el universo. Se puede ver en el ADN o formando galaxias, como simbología de lo divino (serpiente de la sabiduría) o como estructura funcional (escalera de caracol).

También puede hacer referencia al tiempo y el espacio en constante repetición pero en etapas diferentes.

Es una forma que se suele utilizar para hacer referencia a la evolución, desarrollo, continuidad y fertilidad. También puede estimular la espiritualidad entendiéndolo como un recorrido evolutivo desde lo físico y material hasta la sabiduría y lo transcendental.

6.3.7 La cruz

La cruz es una forma que puede tener connotaciones positivas o negativas dependiendo de cómo se posicione. Se la puede identificar como la daga tipográfica u obelo (†), puede utilizarse como operador matemático de suma o multiplicación, como marca de posición o situación o incluso puede llegar a transmitir peligro o daño.

Puede representar los cuatro elementos de la naturaleza (agua, fuego, tierra y aire), los cuatro puntos cardinales (Norte, Sur, Este y Oeste) o la unión entre lo físico y lo transcendental.

Por norma general, en diseño, se la suele utilizar para hacer referencia a la unión, asistencia y colaboración, como es el caso de Cruz Roja.

6.3.8 La composición

Cuando se está creando una composición todos los elementos que se sitúan a la derecha suelen poseer más peso visual que los que están a la izquierda. Los elementos de la derecha proporcionan una sensación de avance o desarrollo mientras que los situados a la izquierda proporcionan una sensación de ligereza o agilidad.

Las formas redondas crean sensación de perfección, su simetría provoca armonía y su continuidad produce suavidad o movimiento.

Las formas angulares y alargadas producen una sensación de profundidad puesto que amplían el campo de visión. Sin embargo, las formas angulares cortas lo que se provocan suele ser una sensación de timidez o humildad.

El tamaño puede ser un factor importante. Las formas grandes proporcionan una sensación de fortaleza mientras que, las pequeñas, provocan un sentimiento de debilidad o delicadeza.

La relación entre formas y los espacios en blanco también son importantes ya que pueden abrumar o dar sensación de carencia.

6.3.9 La teoría de la Gestalt

La psicología de la Gestalt , también conocida como la psicología de formas, es una corriente moderna que se basa en unos principios o leyes basadas en cómo perciben los elementos las personas u observadores. Esta teoría sostiene que el conocimiento es el producto de las percepciones recibidas entre las formas y los contenidos y que pueden producirse diferentes percepciones según la persona que esté observando.

- **Principio de la buena forma**: Las formas que mejor y más rápido se perciben son aquellas que están completas, son simétricas y tienen una representación más simple.
- **Principio del cierre**: Las formas abiertas tienden a percibirse como cerradas, incluso cuando estas no estén completas.
- **Principio de la continuidad y dirección común**: Los elementos que mantienen una dirección o parecen componer una misma estructura, patrón, flujo o línea continua se perciben como una misma entidad.
- **Principio de la proximidad:** Los elementos próximos entre sí se perciben como si fuesen una única entidad definida a partir del las propiedades como el color o la forma.
- **Principio de la semejanza**: Las formas similares se perciben como si fuesen una única entidad. Esto sucede porque el cerebro agrupa las cosas por propiedades como el color, el tamaño u otros aspectos visuales.
- **Principio de la relación figura-fondo**: Una forma no puede ser percibida como figura y como fondo a la vez. Según las circunstancias de la persona que observa reconocerá una entidad que podrá ser la figura o el fondo.
- **Principio de la simplicidad**: Las formas se perciben como rasgos simples y regulares que tienden a definir buenas formas. Si una forma está compuesta de otras formas mas simples, al final lo que se percibe es la forma del conjunto como una única entidad y que destaca lo que realmente es importante.

- **Principio de la simetría**: Aunque se contradiga con los principios de Proximidad y de Semejanza, las formas simétricas se perciben como una única entidad alrededor de un punto central imaginario.
- **Principio de la experiencia**: Para entender ciertas formas el observador las interpreta de manera subjetiva a partir de los conocimientos previos que ha tenido durante toda su vida.

6.4 LOS COLORES

El color es una percepción visual que se genera en el cerebro al responder ante las distintas longitudes de onda captadas de la parte visible del espectro electromagnético.

Todo cuerpo iluminado absorbe una parte de las ondas electromagnéticas y refleja las restantes. Las ondas reflejadas son captadas por el ojo e interpretadas en el cerebro como distintos colores según sea su longitud de onda y, al final, produciendo diferentes sensaciones de las que normalmente no somos conscientes.

Sin embargo, en el mundo del marketing y la publicidad, los asesores de imagen, los diseñadores, CXO, especialistas en accesibilidad,... son bien conscientes de ello, y utilizan los colores para asociarlos coherentemente al tipo de producto que quiere hacer llegar.

De hecho, cuando un sitio web está diseñado por profesionales con sólidos conocimientos de diseño gráfico, normalmente las pautas de color utilizadas no son aleatorias.

En general, las propiedades de los colores básicos están más que aceptadas, sin embargo, puede haber discrepancias según autores, aunque en lo fundamental, prácticamente están todos de acuerdo.

6.4.1 Los modelos de color

Hay muchas teorías respecto a cuáles son pero, los dos modelos más utilizados en la tecnología son el RGB y el CMY.

El modelo RGB trabaja con los colores rojo, verde y azul en tricromía y se basa en la síntesis aditiva que implica que se emita luz directamente de una fuente de iluminación de algún tipo. Combinando uno de estos colores primarios con otro en proporciones iguales produce los colores aditivos secundarios: cian, magenta y amarillo. Combinando los tres colores primarios de luz con las mismas intensidades, se produce el blanco. Variando la intensidad de cada luz de color finalmente deja ver el espectro completo que proporciona la combinación de estas tres luces.

6.4.2 Luminancia relativa

La luminancia relativa es un indicador que establece el brillo fotométrico de un objeto en una señal de video. Este indicador varía en función de los valores de color elegido y de unas correcciones gamma que se aplican a cada uno de los componentes de la tricromía.

El procedimiento para calcular la luminancia relativa entre un texto y su fondo es una función compleja que atiende a varias condiciones:

$$L = \left(\left(\frac{\frac{R}{255} + C}{W}\right)^n * K_R\right) + \left(\left(\frac{\frac{G}{255} + C}{W}\right)^n * K_G\right) + \left(\left(\frac{\frac{B}{255} + C}{W}\right)^n * K_B\right)$$

Dónde:

L es la luminancia relativa.

K_R, *Kg*, *Kb* son las constantes de corrección gamma para los canales rojo, verde y azul y tienen un valor de 0,2126, 0,7152 y 0,0722 respectivamente.

R, *G*, *B* son los valores de los canales rojo, verde y azul respectivamente y con un valor comprendido entre 0 y 255.

C, *W*, *n* son variables en función de las condiciones del color.

Explicación:

Se divide cada canal o componente de rojo, verde y azul por 255 y, para cada resultado si el resultado de es menor o igual a 0,03928, se divide entre 12,92. En caso contrario se le suma 0,055, se divide el resultado entre 1,055, y el resultado se eleva a 2,4. Dicho de otra manera, si es menor o igual a 0,03928, C = 0, n = 1 y W = 12,92. Si es mayor, C = 0,055, W = 1,055, y n = 2,4.

Este cálculo debe realizarse para ambos colores, tanto el color del texto como el color del fondo.

Finalmente, una vez que se dispone de los valores de luminancia de ambos colores, se realiza la división entre la luminosidad del color más claro + 0.05 y la luminosidad del color más oscuro + 0.05. El resultado será un valor entre 1 y 21 que expresa la relación 1:1 y 21:1.

El modelo CMYK trabaja con los colores aditivos secundarios de luz, es decir, cian, magenta, amarillo y, como adicción extra, el negro trabajando en cuatricromía y se basa en la síntesis substractiva que trata los colores como si fuesen pigmentos de pintura. Los pigmentos no emiten luz sino que absorben parte de las radiaciones de la luz. Por ejemplo, si un objeto es rojo esto significa que absorbe todas las longitudes de onda componentes de la luz exceptuando la componente roja. Los colores sustractivos (CMY) y los aditivos (RGB) son colores complementarios. Cada par de colores sustractivos crea un color aditivo y viceversa. Estos cuatro colores se mezclan con diversos porcentajes para conseguir cualquier tono con valores de 0-100% y donde el valor máximo (el 100%) representa la adición por completo del color indicado. Es decir, que si indicamos un valor C:100% M:0 Y:0 K:0 dará como resultado un cian puro.

La conversión de uno a otro, en ocasiones, no coincide y es porque son diferentes criterios de color. Por ejemplo, un error común es asignar el valor (0, 0, 0, 100%) para referirse al negro y, como resultado, esta combinación crea un negro poco saturado con un tono diluido poco agradable. Para conseguir ese tono negro saturado, que a todos nos gusta, lo ideal es un valor de (60%, 40%, 40%, 100%).

Ambos procesos (CMYK y RGB) tienen sus ventajas e inconvenientes pero, en cualquier caso, resulta claro que el conocimiento de ambos sistemas de color es absolutamente necesario para poder prestar un servicio profesional, y el propio diseñador debe manejarlos con soltura para hacer correctamente su trabajo.

6.4.3 El color corporativo

Diversos estudios confirman que el color de un producto influye en la decisión de compra de un cliente, lo que significa que el color puede hacer que un producto sea un éxito o un auténtico fracaso.

Los consumidores accederán al producto predispuestos por la sensación que trasmita el color del producto.

El 95% de las empresas utilizan logotipos con uno o dos colores mientras que el resto utilizan más de dos.

Es curioso ver que:

- El 28% de las marcas del mundo usan rojo en su logotipo.
- El 32% de las marcas del mundo usan azul en su logotipo.
- El 27% de las marcas del mundo usan negro o gris en su logotipo.
- El 13% de las marcas del mundo usan amarillo en su logotipo.

Hay una tendencia a creer que afirma que los logotipos como Google (multicolor) se relacionan con los conceptos de multicanal, positivismo, audacia o sin límites.

6.4.4 El significado de los colores

En accesibilidad web, los colores blanco y negro son colores que se suelen combinar para proporcionar un alto contraste y una mayor legibilidad a los diseños.

En muchas ocasiones se crean dos o más versiones, una bajo el esquema de color original y otra bajo un esquema de color monocromático (que solo utilizan un único matiz).

6.4.4.1 EL BLANCO

El blanco es un color que se puede utilizar para transmitir pureza, inocencia, igualdad, amplitud, perfección, convicción, armonía o equilibrio, limpieza, bienestar, simplicidad o unidad.

En el Feng Shui representa la octava chakra que se relaciona con la divinidad o los guías espirituales y se asocia con el elemento metal.

Su uso excesivo no provoca ningún estímulo negativo aunque, en ocasiones pueda significar sorpresa (me he quedado blanco) o vacío (me he quedado en blanco).

Por sus características se suele utilizar en diseños enfocados a la limpieza, productos infantiles, tecnología, caridad, sanidad, esterilidad, medicina, productos dietéticos, servicios funerarios, organizaciones no lucrativas y minimalismo.

6.4.4.2 EL NEGRO

El negro es un color que se puede utilizar para transmitir oscuridad, misterio, sensualidad, sofisticación, poder, elegancia, objetividad, funcionalidad, fortaleza, paz o silencio.

En el Feng Shui se asocia con el elemento agua.

El negro es un color que, en la mayoría de las situaciones, tiene una connotación positiva por su asociación con la riqueza y la abundancia

Su exceso puede transmitir distancia, intimidación, recelo, consternación o desconocimiento. Es por eso que, salvo casos específicos, el negro debe ser más decorativo y/o complementario que predominante.

Por sus características se suele utilizar en diseños enfocados a la fotografía, portafolios, museos, joyería, perfumería, música, eventos nocturnos, tecnología de gama alta y ocio nocturno (por ejemplo casinos).

6.4.4.3 EL GRIS

El gris es un color que se puede utilizar para transmitir neutralidad, vejez y modernidad dependiendo de cómo se combine, claridad, serenidad, legibilidad, elegancia, innovación, sobriedad, melancolía, inseguridad o soledad.

En el Feng Shui, el gris claro y el color plata se asocian con el elemento metal. El gris oscuro se asocia con el agua.

Al igual que el blanco, su uso excesivo no provoca ningún estímulo negativo, sin embargo, la combinación con el resto es lo que proporcionará uno u otro sentimiento.

Por sus características es frecuente verlo como color complementario pero, de forma predominante, se suele utilizar en diseños enfocados a la robótica, históricos, galerías y portafolios.

6.4.4.4 EL AMARILLO

El amarillo que se puede utilizar para transmitir optimismo, inteligencia, creatividad, vitalidad, felicidad, alegría, amistad, confidencia, precaución o innovación.

En el Feng Shui representa la tercera chakra que se relaciona con el poder, el ego o la voluntad y se asocia con elemento tierra.

Aunque es el color del Sol y suele denotar sentimientos positivos, su uso excesivo puede producir agotamiento mental u hostilidad. Por esta razón hay que utilizarlo con sapiencia.

Por sus características se suele utilizar en diseños enfocados a la publicidad, marketing, promoción de productos, ocio infantil y contenidos que se asocien con experiencias divertidas. En combinación con el negro se suele utilizar para resaltar avisos o reclamos de atención.

6.4.4.5 EL NARANJA

El color naranja es un color que se puede utilizar para transmitir energía, felicidad, sociable, amigable, gusto, aromático o exótico o desconfianza.

En el Feng Shui representa la segunda chacra que se relaciona con la sexualidad, el deseo y la seguridad y se asocia con el elemento agua. En muchas ocasiones se le suele relacionar con los celos, la sensualidad y la sexualidad.

Su uso excesivo puede producir ansiedad, desconfianza o, simplemente, saturar al usuario por la cantidad de energía que recibe.

Por sus características se suele utilizar en diseños enfocados a la alimentación, deporte, energía, mascotas o contenidos que vayan dirigidos a una audiencia joven. En combinación con el blanco se suele utilizar para resaltar mensajes de precaución o aviso de atención.

6.4.4.6 EL DORADO

El color dorado es un color que se puede utilizar para transmitir fortaleza, prestigio, suerte, prosperidad, sabiduría, claridad de ideas o riqueza.

En el Feng Shui se asocia con el elemento metal.

Su uso excesivo puede provocar rechazo puesto que es un color que no todos los usuarios captan de la misma manera aunque, en general, es bastante bueno para la depresión y equilibrio intelectual.

Por sus características se suele utilizar en diseños enfocados a la realeza, hostelería de prestigio, historia, bebidas alcohólicas y a contenidos pensados para crear sensaciones de abundancia.

6.4.4.7 EL VIOLETA

El color violeta es un color que se puede utilizar para transmitir vanidad, pecaminosidad, religiosidad o espiritualidad, artificial, telepatía, iluminación, frivolidad, abundancia, realeza, imaginativo, creativo, nostálgico o misterioso. El púrpura abunda poco en la naturaleza y, por eso, históricamente la realeza lo eligió como color distintivo.

En el Feng Shui, el púrpura, representa la séptima chacra que se relaciona con la inspiración o imaginación y se asocia con el elemento fuego (la parte más cálida de la llama).

Si su tonalidad es clara como el lavanda, se la suele asociar al equilibrio mientras que, una tonalidad más oscura, puede provocar una sensación de serenidad.

El uso excesivo del violeta puede producir cansancio, desorientación, pensamientos negativos e, incluso, algunas personas afirman que puede llegar a producir jaquecas.

Por sus características se suele utilizar en diseños enfocados a la magia o fantasía, creatividad, finanzas, romanticismo, medicina, público femenino, música o cine.

6.4.4.8 EL AZUL

El color azul es un color que se puede utilizar para transmitir seguridad, confianza, honestidad, calma, paz, serenidad, claridad, fidelidad, seriedad, sofisticado, frialdad o conocimiento.

En Feng Shui, el azul cielo representa la quinta chacra que se relaciona con la comunicación y el índigo, representa la sexta chacra que se la relaciona con el tercer ojo. En general, el azul se asocia con el elemento agua.

Si su tonalidad es oscura transmite autenticidad, confianza, fidelidad, seguridad, relajación y tranquilidad por su asociación con la noche o el infinito y, por su carácter clarificador y sereno, suele favorecer la concentración y ayudar durante el aprendizaje. Si su tonalidad es medianoche (azul medio tirando a oscuro) suele provocar sentimientos o sensaciones más tranquilizadoras y conformistas. Si su tonalidad es clara transmite calma, honestidad y confianza.

Aunque casi siempre provoca estímulos positivos, su uso excesivo puede producir, desolación, depresión o pena.

Por sus características se suele utilizar en diseños enfocados a la publicidad, salud, asistencia sanitaria, seguros, ocio, redes sociales, seguridad tecnológica y tecnología en general. En combinación con el blanco, se suele utilizar para lanzar mensajes informativos a los usuarios.

6.4.4.9 EL VERDE

El color verde es un color que se puede utilizar para transmitir armonía, crecimiento, esperanza, natural, orgánico, vitalidad, fertilidad, tranquilidad o frescura. En general el verde es considerado ambivalente porque puede transmitir sensaciones positivas y negativas según sea su tonalidad.

En el Feng Shui representa la cuarta chacra que se relaciona al amor, las relaciones y la autoaceptatación y se asocia con el elemento aire.

Si su tonalidad es clara se asocia con la protección y la curación emocional. Si es un verde medio sugiere tranquilidad, equilibrio, serenidad, vida, crecimiento, armonía y todo lo relacionado con estos temas. Si su tonalidad es oscura suele tener una connotación negativa ya que se suele asociar a la ambición, la codicia, la avaricia y la envidia. Si su tonalidad es "oliva" se suele asociar con la paz y la armonía. Si su tonalidad es "limón" se suele asociar a la enfermedad, discordia, cobardía y envidia.

Su uso excesivo puede provocar pensamientos negativos o acciones impulsivas.

Por sus características se suele utilizar en diseños enfocados a la salud, curación, métodos curativos naturales (como es la fisioterapia), y contenidos que vayan dirigidos o relacionados con la naturaleza. En combinación con el blanco, se suele utilizar para lanzar mensajes de triunfo, éxito o de permisión de acceso.

6.4.4.10 EL MARRÓN

El color marrón es un color que se puede utilizar para transmitir calidez, alegría, madurez, productividad, materialismo, acogedor, natural, robusto, corriente, anticuado o fiabilidad.

En el Feng Shui el marrón se asocia al elemento tierra.

Por su abundancia en la naturaleza, puede ser utilizado como color predominante y puede dar buen resultado, sin embargo, hay que tener cuidado en la combinación y tonalidad.

Su uso excesivo que puede transmitir vejez, suciedad, fealdad, pereza, egoísmo o demostración de poca inteligencia

Por sus características se suele utilizar en diseños enfocados al transporte, vinicultura, repostería, medioambiente y carpintería.

6.4.4.11 EL ROJO

El color rojo es un color que se puede utilizar para transmitir energía, amor, excitación, acción, valentía, audacia, pasión, violencia, ira, determinación, lujuria, rabia, alarma o peligro.

En el Feng Shui representa la primera chacra que se relaciona a la supervivencia, instinto y conocimientos básicos y se asocia con el elemento fuego. A causa de su intensidad es considerado el color de la suerte.

Si su tonalidad es similar a la sangre, se suele asociar con la guerra, maldad, deuda o violencia, si su tonalidad es suave, se suele asociar con la pasión y la sexualidad y, si su tonalidad es más anaranjada puede significar placer, dominio o deseo de acción.

El rojo es un color que se ha demostrado que mejora el metabolismo pero debe ser utilizado con precaución porque un uso excesivo puede provocar ansiedad, insomnio o exceso de actividad. Por esta razón, lo habitual es verlo como un color complementario al esquema de colores utilizado.

Por sus características se suele utilizar en diseños enfocados a contactos o relaciones de parejas, a la sanación, caridad, coches, refrescos, radio, telefonía y en contenidos que quieran dar sensación de poder y pasión. En combinación con el blanco, se suele utilizar para resaltar mensajes de peligrosidad o alerta.

6.5 LA LEGIBILIDAD

La legibilidad en uno de esos factores que habitualmente los diseñadores no suelen darle demasiada importancia ya que lo que ellos pretenden conseguir es un alto impacto en la visual a nivel global.

6.5.1 La tipografía

La tipografía es la forma o estilo que tiene una fuente de texto. Existen varios tipos de tipografía pero, las más utilizadas en diseño y usabilidad son las de tipo **Serif** y **Sans Serif**.

6.5.1.1 TIPOGRAFÍA SERIF

Las tipografías Serif son aquellas tipografías cuyas letras tienen líneas cruzadas o remates al final de cada letra y se basan en círculos perfectos y formas lineales equilibradas.

Este tipo de tipografía proporciona una imagen tradicional, seria, de confianza, respetable, institucional o corporativa. Las fuentes serif son apropiadas para textos largos ya que facilita la lectura y suelen emplearse en eventos corporativos.

Entre las fuentes Serif más utilizadas están Bodomi, Clarendon, Garamond, Georgia, PT Serif, Source Serif Pro y Times New Roman.

Garamond Georgia Times New Roman

Figura 6.2. Ejemplos de fuentes Serif.

6.5.1.2 TIPOGRAFÍA SANS SERIF

Las tipografías Sans Serif son aquellas tipografías cuyas letras no tienen remates al final de cada letra y se basan, al igual que las Serif, en círculos perfectos y formas lineales equilibradas.

Este tipo de tipografía proporciona una imagen más universal, limpia, moderna, alegre, objetiva, minimalista o estable. Es apropiada para establecer títulos o carteles y suelen emplearse para conferencias o seminarios.

Entre las fuentes Sans Serif más utilizadas están Arial, Avant Garde, Calibri, Century Gothic, Furura, Helvética, Open Sans, Source Sans Pro, Roboto, Univers, Verdana y Tahoma.

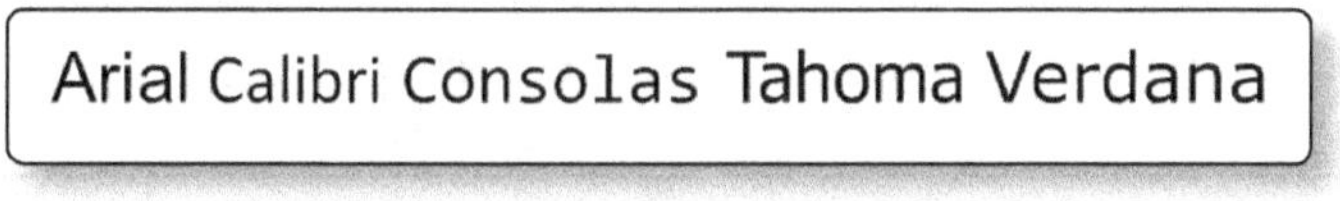

Arial Calibri Consolas Tahoma Verdana

Figura 6.3. Ejemplos de fuentes Sans Serif.

6.5.1.3 TIPOGRAFÍA SCRIPT

Las tipografías caligráficas o Script son aquellas que simulan la escritura a mano y que tanto se utilizaba en los manuscritos y una de sus características es que, habitualmente, tiene el trazo inclinado.

Este tipo de tipografía proporciona una imagen elegante, afectuosa, creativa, femenina, amigable, interesante o atractiva. Es apropiada para textos breves y expresivos, títulos o firmas ya que suelen dificultar la legibilidad y suelen emplearse en cenas, cocktails o reuniones no formales.

Entre las fuentes Script más utilizadas están Brush, Edwardian, Gloria Hallelujah, Great Vibes, Indie Flower, Italianno, Nova Script, Tangerine, Pacifico, Sacramento, Shadows Into Light y Vivaldi.

Brush Indie Flower Gloria Hallelujah Pacifico Vivaldi

Figura 6.4. Ejemplos de fuentes Script.

6.5.1.4 TIPOGRAFÍA DECORATIVA

Las tipografías decorativas son aquellas que poseen una identidad y estilo propios que no demandan legibilidad. Normalmente se crean con un fin concreto y se asocian a una época o lugar.

Este tipo de tipografía proporciona una imagen más personal, divertida, casual, única o exclusiva. Es apropiada para dar un toque de personalidad al diseño o marca y suelen emplearse en ocio o en festivales y conciertos.

Entre las fuentes Decorativas más utilizadas están Amarante, Audiowide, Cabin Sketch, Cherry Swash, Lobster, Lobster Two, Nixie One, Nova Oval, Playball, Poiret One, Special Elite y Unica One.

Amarante Cherry Swash Special Elite

Figura 6.5. Ejemplos de fuentes Decorativas.

6.5.1.5 TIPOGRAFÍA MODERNA

Las tipografías modernas son aquellas que crean para producir una sensación más contemporánea o con vistas hacia lo que está por llegar. Se suelen caracterizar por no tener trazos ascendentes ni descendentes, muestran uniformidad y suelen hacer una simplificación en favor de la legibilidad.

Este tipo de tipografía proporciona una imagen más futurista, inteligente, tecnológica, con estilo y de tendencia. Es apropiada para proporcionar modernidad al diseño y suelen emplearse en eventos privados.

Entre las fuentes Modernas más utilizadas están Century Gothic, Comfortaa, Eurostile, Fredoka One, Futura, Happy Monkey, Infinity, Share, Sniglet y Voces.

Century Gothic Eurostile Futura

Figura 6.6. Ejemplos de fuentes Modernas.

6.5.2 Qué tipo de fuente se debe utilizar

La elección de un tipo de fuente u otra puede conllevar posibles problemas de visualización dependiendo del dispositivo dónde se utilice. Por ejemplo, en las pantallas de retina las fuentes ClearType pueden no mostrarse nítidas mientras que, en las pantallas LCD se muestran correctamente. Esta es la razón por la que la inmensa mayoría de las interfaces utilizan fuentes estándar como son Verdana o Arial, que vienen preinstaladas en todos los dispositivos y navegadores.

Pero, ¿eso significa que no se deben utilizar otro tipo de fuentes?. No. Solo hay que tener en cuenta bajo qué dispositivos se va a mostrar y seleccionar la fuente correcta antes de que se le muestre al usuario.

La tarea de seleccionar el tipo de fuente lo hace directamente el navegador de forma automática. Lo único que hay que hacer es proporcionarle las direcciones o ubicaciones de dónde están las fuentes y, el navegador, seleccionará la más compatible para el usuario.

A continuación se muestra un ejemplo de cómo añadir una fuente externa a un sistema o interfaz a partir del estándar CSS.

```
@font-face {
  font-family: 'Nombre fuente';
  font-style: normal;
  font-family: 100;
  src: url('nombre_fuente.woff2') format('woff2'),
       url('nombre_fuente.woff') format('woff');
}
body {
  font-family: 'Nombre Fuente', Arial, sans-serif;
}
```

6.5.3 La alineación horizontal

La alineación justificada que disminuye la legibilidad del texto y puede causar dificultades para usuarios con discapacidad

Además, un estudio publicado por Jakob Nielsen recomienda que cualquier párrafo de texto debe comenzar a una distancia del margen izquierdo de la página situada entre 300 - 600 píxeles ya que el usuario dedica el 69% de su tiempo en mirar hacia la mitad izquierda de la pantalla.

6.5.4 El ancho de párrafo

Cualquier párrafo deberá estar formado por líneas de texto de no más de 20 palabras por línea. Esto son alrededor de 500 píxeles de ancho en caso de utilizar un tamaño de fuente de 10-12 píxeles, las consecuencias de optimizar el ancho de página son un incremento en la legibilidad del texto.

6.5.5 El tamaño de la fuente

Uno de los problemas más frecuentes es el tamaño de la fuente, por esa razón es importante utilizar un tamaño del texto adecuado. Si el tamaño de la fuente es muy pequeño, las personas con problemas de visión pueden no llegar a ver los contenidos y rechazar su uso. Por el contrario, si el tamaño de fuente es muy grande puede provocar confusión ya que puede llegar a tomar una relevancia equivocada como la de un título.

Como norma, es recomendable utilizar un tamaño de fuente igual o superior a los 10 píxeles. No obstante, es conveniente emplear tamaños de fuente alrededor de los 14 píxeles si la audiencia del sitio web es superior a los 40 años de edad.

a	a	b	c	d	e	f	g	h	i
9	10	11	13	16	18	20	24	32	36
xx-small	x-small		small	medium	large		x-large	xx-large	

Tabla 6.2. Ejemplo de escala tipográfica en píxeles y palabras clave.

6.5.6 El interlineado

El interlineado es una de las cualidades más importantes que intervienen en la lectura porque utilizar líneas de texto muy juntas provoca en muchas ocasiones saltar de una a otra por error. Sin embargo, utilizar un interlineado muy grande puede provocar que, líneas de texto contiguas, puedan parecer formar parte de párrafos distintos.

Por este motivo, se recomienda utilizar un interlineado de entre un 15-20% superior al tamaño de fuente. Es decir, para un tamaño de fuente de 10 píxeles es conveniente utilizar un interlineado de, por ejemplo, 12 píxeles.

6.5.7 La justificación

El texto justificado puede volverse inaccesible para algunas personas que tienen discapacidad visual o cognitiva. Por este motivo, la recomendación, es no utilizar textos justificados, aunque estos queden estéticamente más agradables.

6.5.8 La luminancia relativa

En lo referente a las interfaces o sistemas, la luminancia relativa juega un papel importante ya que si un texto presenta poca relación de contraste puede no ser legible y provocar el rechazo y abandono de los usuarios. En los trabajos que requieren una fuerte agudeza visual se demanda un mayor contraste mientras que, los trabajos más frecuentes se demanda un contraste suficiente.

La luminancia relativa tiene mucho que ver con la accesibilidad ya que establece unos mínimos dependiendo de las discapacidades visuales de los usuarios. Debe ser suficiente para que se no se pierda la facilidad de lectura ni se tengan molestias de visión. El mínimo recomendable es establecer un contraste de 4,5:1 aunque, dependiendo las necesidades de los usuarios, el valor requerido podría llegar a una relación de 7:1 cubriendo así los niveles de conformidad AAA de la accesibilidad web.

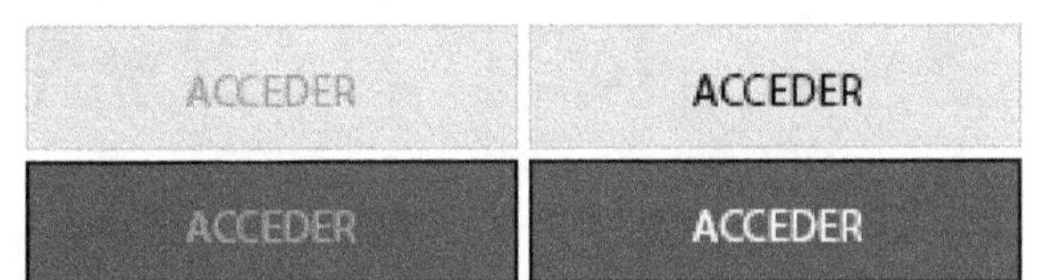

Figura 6.7. Ejemplo de comparación de luminancia. Los botones alineados a la izquierda no son accesibles, los de la derecha sí.

6.6 LOS CONTENIDOS

6.6.1 Los buscadores

La idea de poner un buscador siempre es para ayudar a los usuarios a encontrar la información. Por esta razón, los buscadores se deben poner en una zona que sea lo más destacada y visible posible.

Para que un cuadro de entrada de texto se identifique como buscador, se debe añadir una característica que lo identifique. Esta característica suele ser un icono de lupa por su asociación con el concepto de buscar.

Se debe proporcionar un mensaje de qué es los que se puede buscar con ese control. Dicho de otro modo, si se proporciona un campo de entrada de texto para buscar en una base de datos de música, se podría mostrar un texto que dijese "Buscar artista, canción, género, año". De este modo los usuarios ya saben, de antemano, como pueden buscar la información deseada.

Otro factor importante en los buscadores es que sea predictivo, es decir, que según se vaya escribiendo se vayan mostrando resultados. Esto facilitará la entrada de datos y ayudará a los usuarios a encontrar la información deseada mucho más rápido.

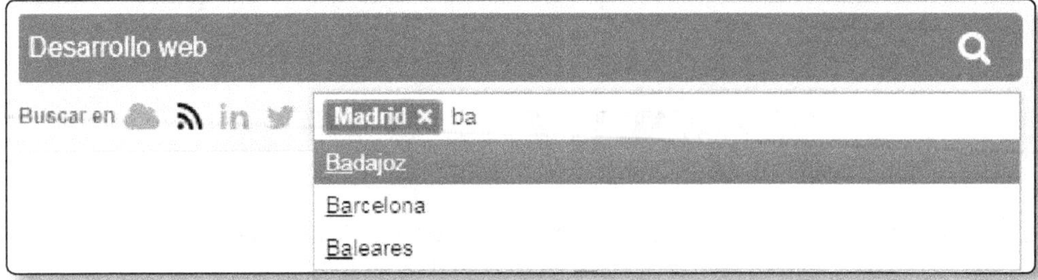

Figura 6.8. Ejemplo de un buscador

En la figura 5.1 se muestra un buscador de empleo que permite buscar desde varias fuentes de información seleccionando uno de los iconos (en todas las fuentes, fuentes RSS, LinkedIn y/o en Twitter) y que permite filtrar los resultados solo para una ciudad o todas.

Además, el selector de las ciudades es predictivo y va filtrando los resultados según se va escribiendo, indicando, a su vez con un estilo subrayado, la parte que coincide con la clave de búsqueda.

6.6.2 El multiidioma

La opción de cambio de idioma se debe poner en una zona destacada de la interfaz o sistema.

Existen varias opciones para ofrecer la funcionalidad de varios idiomas pero, las más habituales son:

- A través de una lista de nombres, puestos en línea o en formato desplegable, que son identificativos de los idiomas disponibles y con uno preseleccionado que, por defecto, suele ser el del navegador.
- A través de imágenes con las banderas de cada país.
- A través de los códigos alfa-2 del estándar internacional ISO 3166. Estos códigos son, por ejemplo, ES para referirse al español, US para referirse al inglés estadounidense, FR para el francés,...

6.6.3 Los mensajes del sistema

El sistema debe proporcionar mensajes coherentes, comprensibles y directos sin caer en la provocación, injuria o vulgaridad.

Los mensajes de error deben mostrarse bajo una tonalidad que revele la importancia o gravedad del "problema" como puede ser el rojo o el naranja, según sea el caso. Asimismo, deben proporcionar soluciones a los problemas de manera específica y evitando, en la medida de lo posible, mensajes del tipo "contacte con el administrador" ya que esa opción no es de gran ayuda en muchas ocasiones.

Los mensajes de éxito deben transmitir la energía adecuada. Para ello, el color verde es uno de los adecuados ya que los usuarios tienen asociado que el verde es equivalente a vía libre y que todo ha ido conforme a lo que ellos esperaban.

Los mensajes informativos deben proporcionar una sensación de seguridad o tranquilidad como es el caso de los tonos azules ya que es una tonalidad que los usuarios entienden como equilibrio o serenidad. También se puede optar por utilizar colores neutros, sin embargo, hay que tener cuidado con la combinación puesto que puede restar relevancia al propio contenido del mensaje.

6.6.4 La temporalidad

Más que una buena praxis, debe ser una premisa. Los contenidos deben mostrarse ordenados en el tiempo en orden descendente.

En el momento de la entrada al sistema, no se deben mostrar más de diez artículos ni mostrar todo su contenido, sino un titular con un pequeño resumen que invite a seguir leyendo.

Si el usuario realiza un desplazamiento hacia abajo, se puede dotar al sistema de la capacidad de recuperar los artículos anteriores, en bloques de diez en diez, a petición del usuario.

6.6.5 Los textos legales

Los avisos legales, normas de privacidad, política de cookies, etcétera deben tener un enlace en el pie de página para que estén siempre visibles y accesibles. Los usuarios siempre van al pie de página a buscar la información de la empresa u organización.

6.6.6 El desplazamiento vertical

Existen varios estudios que "demuestran" que menos de la mitad de los usuarios se desplazan verticalmente hacia abajo en una nueva visita. Esto parece cierto, sin embargo, el scroll o desplazamiento vertical es necesario hoy día.

Se utiliza sobre todo en los dispositivos móviles y wearables por las limitaciones de espacio que presenta y, por esta razón, debe usarse con inteligencia estableciendo solo los contenidos importantes.

El desplazamiento vertical debe evitarse, en la medida de lo posible, siempre.

6.6.7 La relevancia

Se debe proporcionar relevancia a aquello que más busquen los usuarios. Un usuario no accede a una página de telefonía sin motivo aparente, lo hace para recuperar una información concreta que desea obtener, como el precio o características.

La relevancia es habitual calcularla a través de entrevistas cognitivas o Thinking Aloud con los usuarios y se puede fijar a partir de pesos, comparaciones textuales u otros métodos pero, siempre se debe establecer lo más relevante al principio.

6.6.8 La longitud

La longitud del contenido es otra de las variables por las que los usuarios abandonan las interfaces o sistemas. Si un contenido es muy extenso, pueden llegar a frustrarse y abandonar. Por este motivo, es mejor dividir los contenidos largos y proporcionar enlaces a las diferentes partes. Además, la fragmentación de contenidos extensos ayuda a la navegación.

6.6.9 La publicidad

Se debe evitar que los contenidos sean confundidos con publicidad. Los contenidos localizados en zonas pequeñas o periféricas al contenido principal, tienden a ignorarse ya que esta es una de las formas en las que se presenta la publicidad.

6.6.10 Las páginas de introducción o splash

Las páginas de introducción o "splash" son aquellas que, generalmente, se utilizan como presentación de un sistema o interfaz pero que no proporcionan ninguna funcionalidad ni relevancia para los usuarios. Las páginas "Splash" son una práctica incómoda para los usuarios y que añaden un obstáculo más para alcanzar su objetivo.

6.6.11 Las páginas en construcción

Desde el punto de vista de la usabilidad, la publicación de "páginas en construcción" provoca frustración en los usuarios ya que cuando se les promete una característica que aún no está disponible baja su nivel de satisfacción con la marca.

Figura 6.9. Imagen típica de las webs en construcción. Imagen extraída de Pixabay.com

6.6.12 El uso de la caché

La caché debe utilizarse de manera inteligente. Los contenidos que se actualizan todos los días no deben estar gestionados por la caché ya que pueden provocar falsos positivos en la búsqueda de la información.

Si se establece una caché de un tamaño exagerado se pueden conseguir efectos no deseables o controlables. Un ejemplo de ello es que, en los dispositivos móviles, causa un mayor consumo de la batería.

6.6.13 Las llamadas AJAX

Las llamadas AJAX son una práctica muy habitual en aplicaciones que utilizan una única vía de entrada (Single Page). Cuando se utiliza esta técnica, se consigue una experiencia más fluida y el usuario queda más satisfecho, sin embargo, los contenidos recuperados deben de ser lo más pequeño posible para no perder la sensación de inmediatez. Si el contenido a recuperar es muy grande, el tiempo de latencia se verá afectado y, como consecuencia, los usuarios quedarán menos satisfechos.

6.6.14 Los vínculos a webs externas

Las redirecciones sin previo aviso desconciertan a los usuarios y afecta a su experiencia del usuario ya que suele provocar un cambio de contexto y se les obliga a aprender una nueva estructura.

6.6.15 Menos es más

Mostrar muchos objetos o sobrecargar las interfaces puede provocar que los usuarios se frustren o abandonen el sistema. Cuantos menos objetos haya en la interfaz, más posibilidades de ser percibidos por el usuario habrá.

6.7 LA NAVEGACIÓN

Los menús de navegación son una lista o conjunto de palabras clave que contienen las principales acciones de la interfaz.

6.7.1 Menús de navegación

El número de opciones del menú principal se debe limitar a un número entre seis y ocho ya que una cifra elevada de opciones en el nivel principal puede desorientar a los usuarios. De hecho, hay estudios que demuestran que este es el número máximo de páginas que un usuario puede mantener en la memoria a corto plazo. Por esta razón, si el menú tiene muchas opciones es mejor reestructurar el menú de forma agrupada.

El elemento activo del menú de navegación debe poder diferenciarse claramente del resto para que los usuarios ´tengan información adicional de dónde se encuentran. En resoluciones de escritorio las opciones de menú pueden utilizar el efecto "rollover" para desplegar sus subopciones, sin embargo, en aplicaciones móviles deben ser seleccionables a golpe de clic ya que este efecto no está implantado prácticamente en ningún dispositivo móvil.

Hay que optimizar la navegación, sobre todo en dispositivos móviles. Si se va a realizar un número de tareas suficientemente corta y con un nivel de repetición elevado se puede establecer una barra de navegación o de tabulación en la parte superior o inferior de la pantalla.

Si el contenido son básicamente noticias y se van a mostrar en dispositivos móviles, se puede utilizar el modo de navegación Swipe (navegación a través de gestos). Este modo de navegación permite mostrar muchas secciones al mismo tiempo, aumenta la interacción con el usuario y, por lo general, su satisfacción con el sistema.

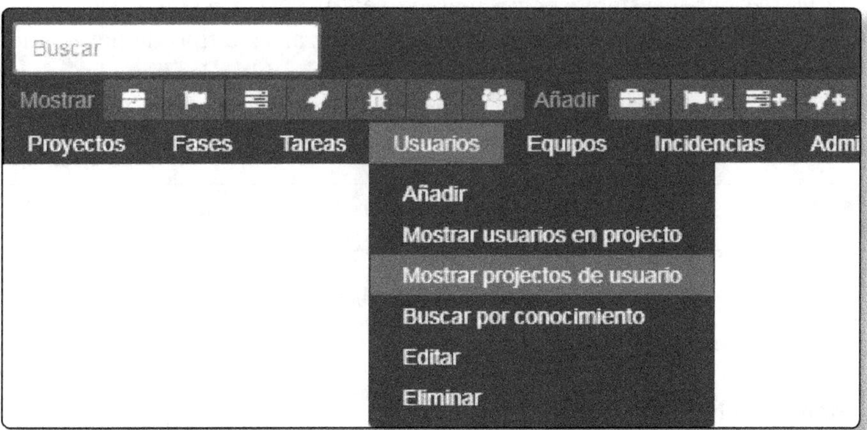

Figura 6.10. Ejemplos de menú de navegación. Iconos de FontAwesome

6.7.2 Barras de navegación

Normalmente se utilizan en resoluciones de escritorio, es decir, resoluciones mayores a 1024 píxeles. Deben mostrar las principales opciones de navegación y gestionar bien el espacio, sobre todo, si se utilizan en dispositivos móviles.

Una forma de presentar las barras de navegación es hacerlas fijas en la zona superior o inferior de la pantalla. Esto significa que siempre están visibles aunque el usuario se desplace hacia abajo para ver los contenidos. Este tipo de barra de navegación hay que usarla con inteligencia ya que puede castigar la zona útil del dispositivo y provocar que los usuarios no se sientan cómodos o rechacen su uso.

Figura 6.11. Ejemplo de barra de navegación en versión escritorio. Iconos de FontAwesome

6.7.3 Barras de tabulación (pestañas)

Las barras de tabulación o navegación por pestañas se suelen identificar como un pariente cercano a la barra superior de navegación. Este tipo de navegación es muy popular en las aplicaciones móviles y pueden posicionarse en lugares distintos según sea de un sistema operativo u otro.

Presentan los mismos inconvenientes que las barras de navegación y, por este motivo, se deben establecer no más de seis u ocho opciones máximo. Si el menú va a tener más de 8 opciones y se desea utilizar este tipo de navegación, se debe utilizar un carrusel de navegación que permita ocultar las actuales y mostrar las nuevas. El desplazamiento entre opciones se puede realizar a través de clics, movimientos táctiles o botones de dirección en ambos extremos de la barra.

Figura 6.12. Ejemplo de barra de tabulación o pestañas

6.7.4 Menús de hamburguesa

El icono de la hamburguesa es, prácticamente el mismo concepto que los menús de navegación. La única diferencia que presenta es que añade una capa más a la navegación con el objetivo de ahorrar espacio en la pantalla y aprovecharlo para otros contenidos más relevantes.

Hay diversidad de opiniones acerca de si el icono de hamburguesa es más efectivo que poner la palabra MENU, aunque, ambas opciones son correctas dada su popularidad.

En dispositivos móviles se debe colocar a una distancia adecuada para poder llegar con el dedo pulgar sin esfuerzo. Existen varias aplicaciones móviles que sitúan este control en la parte inferior-centrada de la pantalla.

Los submenús de las opciones del menú hamburguesa se pueden mostrar con una sangría izquierda relativa a la opción padre. También se puede implementar un comportamiento interactivo que, cuando pulse en una opción se oculten todas las opciones anteriormente mostradas y se muestren las nuevas subopciones de esa opción. Si se elige este último caso, se debe indicar en qué opción estamos a través de un título.

Figura 6.13. Ejemplo menú de hamburguesa. Iconos de FontAwesome

6.7.5 Migas de pan

Las migas de pan o breadscrumb se definen como una ruta de navegación que indica al usuario el camino que ha seguido hasta llegar a donde está. Su uso mejora la usabilidad porque facilitan la navegación y causan satisfacción en la experiencia de usuario, sin contar que, con ellas, se logra distribuir la autoridad y relevancia por todo el sistema, lo que favorece sin duda al SEO.

Pueden llegar a ser un recurso imprescindible en el sector del comercio online y es, en este sector, donde adquieren un valor más significativo dada la gran cantidad de categorías y posibilidades que existen.

Las migas de pan deben ser navegables de forma independiente y complementaria al menú de navegación, es decir, que se debe poder recorrer el rastro de migas a la inversa.

/ Mostrar / Listar Usuarios

Figura 6.14. Ejemplo de breadscrumb o miga de pan

6.8 LOS FORMULARIOS

6.8.1 Agrupación y orden

Siempre que se pueda, hay que agrupar la información que se solicita al usuario y ordenarla por relevancia. Esto evita que se sienta incómodo con la información que se le está solicitando. El caso más típico es la representación de direcciones dónde por lo general se solicita en una zona a parte y con el siguiente orden: Tipo de Vía, Dirección, Número, Código Postal, Localidad y Provincia.

También es bueno tener presente la sensibilidad de los datos y establecer un orden de petición adecuado. Por ejemplo, en los formularios de registro se suele pedir primero el nombre de usuario, después el email y luego, más tarde, sus datos personales como el nombre completo del usuario. Es una forma de irle guiando, poco a poco, y evitar el abandono por preguntas como ¿por qué me solicitan esto ahora?.

Otra norma que se suele establecer a la hora de solicitar información en los formularios es solicitar primero los campos que sean requeridos y establecer la solicitud de información por pasos, para evitar que los usuarios puedan abrumarse o frustrarse y abandonar.

6.8.2 Autocompletado

La opción de autocompletado es como si se añadiese una capa predictiva sobre el campo. Los campos de los formularios suelen tener la opción de autocompletar para evitar reescribir los valores que ya se habían escrito con anterioridad. Esta opción no se recomienda desactivarla.

El autocompletado también suele referirse a la acción de rellenado causado por otra acción. Una buena praxis es que si hay campos que pueden ser rellenados de forma automática, se haga. Un ejemplo de ello es el autocompletado de la provincia ya que puede extraerse a partir de la IP del visitante o a través del código postal.

6.8.3 Estructuración y optimización

Una de las prácticas más habituales en el diseño de formularios es que se construyan en formato tabla con varias columnas. Esto puede ser una buena praxis salvo cuando se muestran en un dispositivo móvil ya que, una sobrecarga de información puede hacer que se vuelva ilegible.

En dispositivos de escritorio, no se deben establecer más de tres campos, con sus respectivas etiquetas, por fila, es decir, no debe haber más de seis columnas entre etiquetas y campos. En dispositivos móviles, con resoluciones menores a 640 píxeles de ancho, se deben organizar en formato de una única columna.

Otro factor importante es que, esté optimizado. Esto se vuelve especialmente importante en dispositivos móviles ya que el espacio de visión está muy reducido.

6.8.4 Capacidades de los dispositivos

Siempre que se pueda, hay que utilizar las capacidades que proporcionan los dispositivos y estudiar si van a ser una mejora o un impedimento. Sin embargo, hay algunas características que ya se sabe que experiencia de usuario proporcionan. Si se está manejando un dispositivo móvil:

- Se debe evitar en la medida de lo posible que el usuario tenga que utilizar el teclado móvil para rellenar formularios.
- Siempre que se pueda, hay que sustituir los campos de tipo texto por botones de opción, verificación o desplegables.
- Los dispositivos móviles soportan gran número de tipos de datos en los formularios. La elección de un color, una fecha, un rango, o introducción de e-mails se hace mucho más sencillo cuando se utilizan los tipos de datos predefinidos.

6.8.5 Combos o desplegables

El único caso dónde el uso de desplegables está justificado es en aquellos casos en los que la respuesta está predefinida y el número de opciones es pequeño. Una de las razones de esta premisa es que, en muchas ocasiones, es más rápido escribir que seleccionar una opción.

El uso de desplegables muy grandes ralentizan la página e incrementa su peso por lo que el tiempo de latencia aumenta y se tarda más tiempo en acceder a los datos.

6.8.6 Número de campos

Está demostrado que el número de campos de los formularios puede crear frustración e inseguridad. Por esta razón, se debe acotar al mínimo posible, es decir, solo hay que solicitar los campos imprescindibles.

Si el número de campos necesarios es muy extenso se deben dividir en varias páginas (no pestañas) intentando agrupar los campos relacionados y mostrando, primero los requeridos y después los opcionales.

6.8.7 Nombres de campo

Establecer nombres de campos claros y compresibles es fundamental para que el usuario no cometa errores y proporcione la información con más fluidez. No se deben utilizar palabras técnicas, ni hacer preguntas complejas.

Para el diseño de formularios, los campos deben estar incrustados dentro de etiquetas o elementos LABEL. La razón de utilizar esta forma es porque, además de estructurar, ayudan a asegurar la accesibilidad web.

Para facilitar la comprensión de lo que se tiene que introducir o seleccionar, el nombre del campo debe establecerse encima del campo salvo cuando el dato solicitado se muestra a través de casillas de verificación o a través de botones de opción única.

6.8.8 Tipos de datos estándar

Los formularios tienen una gran cantidad de tipos de datos distintos. Cada tipo de dato está definido para un fin concreto y, normalmente, para conseguir una mejor experiencia de usuario.

Nombre
Mª Elena Rodriguez Moreno
Profesión
Profesión o función
Número de teléfono
999-999-999
Email
Introduzca su email de contacto
Disponibilidad
30 días
Conocimientos / Habilidades
Principales habilidades
Experiencia profesional
Introduzca su experiencia
¿Está actualmente trabajando?
¿Tiene referencias?
Enviar solicitud

Figura 6.15. Ejemplo de formulario de solicitud de trabajo

Cuando se diseñan las interfaces para entornos de escritorio, la cantidad de tipos de datos disponibles se ve mermada por la incompatibilidad que existe entre navegadores. Los tipos de datos que funcionan en un navegador pueden no funcionar en otro. Por esta razón, en las interfaces de escritorio se tiende a utilizar el tipo texto para muchas de las necesidades.

Si el diseño es para dispositivos móviles, la cosa cambia. Prácticamente todos los tipos de datos que existen están disponibles en los navegadores móviles. Los campos de tipo fecha, por ejemplo, muestran un calendario que ayuda a introducir los datos casi sin esfuerzo.

Siempre que se vaya a diseñar un formulario se debe estudiar la compatibilidad de los tipos de datos en todos los dispositivos dónde se va a poder utilizar y utilizarlos con inteligencia.

6.8.9 Botones y enlaces

Los botones deben tener apariencia de botón y no ser extravagantes. Un diseño no formal puede confundir a los usuarios y provocarles frustración.

Se debe separar los botones por funcionalidad y/o contexto. Un buen ejemplo es establecer las acciones de "guardar" o "aceptar" en un extremo de la pantalla y las acciones de "volver" o "cancelar" en el otro. Esto evitará que los usuarios cometan errores tales como pinchar por "accidente" en una opción que no era la deseada.

Los botones deben tener un tamaño suficientemente grande para tener un mejor acceso y diferenciarse por su estilo y forma del resto de contenidos. Por ejemplo, los botones de acción como "guardar" o "aceptar" deben tener un estilo diferente a los botones de "volver" o "cancelar" y al resto de enlaces.

Lo títulos de acciones como "Ver más", "Seguir leyendo" o "Click aquí" empobrecen la usabilidad y ralentizan el reconocimiento visual de los usuarios ya que pueden perder el contexto de la acción. Además, puede llegar a ser un problema grave de Accesibilidad Web.

Se debe poder distinguir los diferentes estados de los elementos. Si se utilizan estilos diferentes para los estados de un enlace, los usuarios prestarán más atención a los contenidos ya que sabrán que lo tienen seleccionado o que lo han visitado con anterioridad.

Figura 6.16. Ejemplo botones con colores y acciones asociadas de Bootstrap

6.8.10 Rangos de valores

Los rangos de valores se pueden utilizar cuando el valor a recuperar no es relevante para el usuario, como pasa con la edad o cuando se solicitan intervalos de datos cortos fácilmente seleccionables a través de un efecto de arrastrar y soltar, como pueden ser las puntuaciones de un valor porcentual.

Los rangos deben tener un tamaño adecuado para ser utilizados con el pulgar si se trata de un dispositivo móvil.

Además deben tener asociado un campo de entrada de datos de tipo numérico que tenga la misma funcionalidad que un campo de formulario de tipo number. Es decir, que no permita introducir letras o símbolos, que pueda ser incrementado con los cursores de arriba y abajo del teclado o pulsando con el ratón en los símbolos de arriba o abajo, que impida que, este campo numérico, admita valores no contemplados por el rango de valores y que ambos, rango y campo estén sincronizados si se produce un cambio en el valor de cualquiera de los dos.

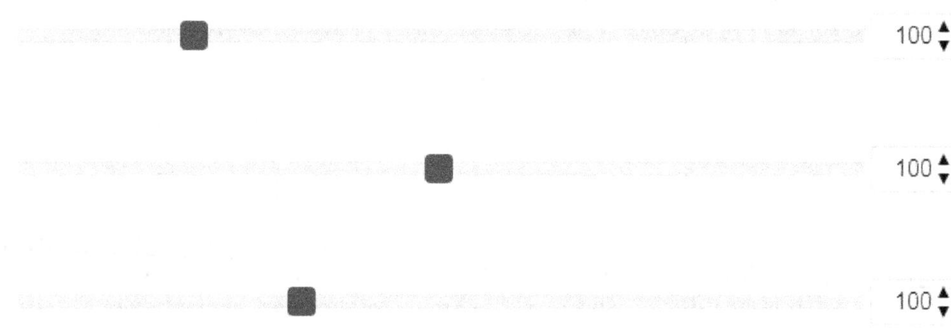

Figura 6.17. Ejemplo control de rango de valores estilizados

6.9 LOS MARCOS O FRAMES

El término marco o frame tiene varios significados según a qué se refiera. En lo referente a la usabilidad, es un elemento que permite dividir la pantalla en áreas independientes para cargar contenidos diferentes pertenecientes a otro sistema o interfaz.

Cuando se habla de marcos incorporados o iframes se refieren a marcos embebidos dentro de otras interfaces o sistemas.

Históricamente se usaban para poder tener los elementos de cabeceras, menús de navegación y pies de página comunes y, de esta forma, actualizar el menor contenido posible, provocando que la carga fuese más rápida.

6.9.1 Por qué no se deben utilizar

El uso de marcos no está recomendado porque limitan las funcionalidades básicas conocidas, provocan desplazamientos innecesarios y pueden confundir al usuario, hasta el punto de rechazar su uso. Además son susceptibles a ataques de phishing, pueden dar problemas de seguridad y de posicionamiento SEO y son totalmente inaccesibles.

En su lugar, si no hay más remedio, se debe utilizar el elemento OBJECT.

6.10 LAS TABLAS

6.10.1 Por qué no se recomienda su uso

El uso de tablas no está recomendado en usabilidad ya que, en la mayoría de los casos, basta con dividir el texto a través de saltos de línea, capas, tabulaciones o párrafos y, además, el procesado de las tablas ralentiza la velocidad de carga de la página.

6.10.2 Tablas usables y accesibles

Si se han de utilizar, se deben especificar las dimensiones en porcentajes y establecer todas sus propiedades para que no se pierda semántica y/o accesibilidad.

La declaración de los elementos de cabecera y pie de tabla (THEAD y TFOOT) deben establecerse antes que el elemento del contenido de la tabla TBODY para que el navegador pueda renderizar la información de contexto antes de recibir el detalle con todas las filas de datos, que pueden ser muchas.

Las propiedades a continuación indicadas no tienen ningún efecto visual en los navegadores web, sin embargo, son muy útiles para las tecnologías asistivas como los lectores de pantalla y para fortalecer su significado.

6.10.2.1 PROPIEDAD SUMMARY

Se debe establecer el atributo SUMMARY que representa un resumen del contenido de la tabla en la definición del elemento TABLE.

6.10.2.2 ELEMENTO CAPTION

Se debe establecer el elemento CAPTION que representa el título de la tabla justo antes de la definición del THEAD.

6.10.2.3 ATRIBUTOS ID

Se debe establecer el atributo ID para especificar el significado de las celdas de encabezado o que están jerárquicamente por encima del resto.

6.10.2.4 ATRIBUTOS HEADERS

Se debe establecer el atributo HEADERS para indicar a que celda(s) de encabezado (referenciada(s) mediante el atributo ID) se refiere el contenido. Los valores contenidos irán separados por espacios en blanco y puede utilizarse, de forma indistinta, tanto en tablas simples como tablas complejas.

6.10.2.5 ATRIBUTOS SCOPE

Se debe establecer el atributo SCOPE para establecer la relación que existe entre celdas de datos y las celdas de encabezamiento. Dicho de otro modo, especifica si una celda de encabezado es un encabezado para una columna, una fila o un grupo de columnas o filas. Sus posibles valores son:

- **ROW**: Especifica que la celda es un encabezado para una fila.
- **COL**: Especifica que la celda es un encabezado para una columna.
- **ROWGROUP**: Especifica que la celda es un encabezado para un grupo de filas.
- **COLGROUP**: Especifica que la celda es un encabezado para un grupo de columnas.

6.10.2.6 EJEMPLO DE TABLA USABLE Y ACCESIBLE

Título de la tabla

Tipo	Valor 1	Valor 2	Valor 3	Valor 4
Tipo 1	-	-	-	-
Tipo 2	0	1	2	3
Tipo 3	4	5	6	7
Tipo 4	8	9	0	1

Tabla 6.3. Ejemplo tabla usable y accesible

```
<table summary="Resumen del contenido de la tabla">
    <caption>Título de la tabla</caption>
    <colgroup span="1" style="color:red;"></colgroup>
    <colgroup span="3" style="color:blue;"></colgroup>
    <thead>
        <tr>
            <th id="tipo" scope="col">Tipo</th>
            <th id="valor_1" scope="col">Valor 1</th>
            <th id="valor_2" scope="col">Valor 2</th>
            <th id="valor_3" scope="col">Valor 3</th>
            <th id="valor_4" scope="col">Valor 4</th>
        </tr>
    </thead>
    <tbody>
        <tr>
            <th scope="row">Tipo 1</th>
            <td headers="valor_1">-</td>
            <td headers="valor_2">-</td>
            <td headers="valor_3">-</td>
            <td headers="valor_4">-</td>
        </tr>
        <tr>
            <th scope="row">Tipo 2</th>
            <td headers="valor_1">0</td>
            <td headers="valor_2">1</td>
            <td headers="valor_3">2</td>
            <td headers="valor_4">3</td>
        <tr>
        <tr>
            <th scope="row">Tipo 3</th>
            <td headers="valor_1">4</td>
            <td headers="valor_2">5</td>
            <td headers="valor_3">6</td>
            <td headers="valor_4">7</td>
        </tr>
        <tr>
            <th scope="row">Tipo 4</th>
```

```
            <td headers="valor_1">8</td>
            <td headers="valor_2">9</td>
            <td headers="valor_3">0</td>
            <td headers="valor_4">1</td>
        <tr>
    </tbody>
</table>
```

6.10.3 Tablas responsive

Las tablas responsive permiten una correcta visualización en cualquier dispositivo y se las podría clasificar en adaptativas y deslizantes.

- Las **tablas adaptativas** se llaman así porque el comportamiento de la tabla se va ajustando al tamaño de la pantalla del dispositivo y los datos cambian su formato de presentación como si de una lista se tratase.
- Las **tablas deslizantes** se llaman así porque utilizan una capa superior que añade un scroll que permite desplazarlas en ambos sentidos.

Las tablas responsive son un recurso muy socorrido cuando hay que presentar información de forma estructurada con independencia del dispositivo.

ID	Nombre de usuario	Email	Nombre	Apellidos
1	Username1	user1@gmail.com	Pablo	Fernández
2	Username2	user2@gmail.com	Elena	Rodríguez
3	Username3	user3@gmail.com	Celia	Fernández

Tabla 6.4. Ejemplo tabla responsive deslizante

A continuación se muestra el código HTML y CSS correspondiente al ejemplo correspondiente a la figura 9.2.

```
<style>
    .table-responsive {
        border: 1px solid #e8e8e8;
        font-family: Arial;
        overflow-x: auto;
        overflow-y: hidden;
        width: 100%;
    }
      th {
        background: #f0f0f0;
```

```
        border-bottom: 2px solid #e8e8e8;
        display: table-cell;
        font-size: 14px;
        padding: 5px;
        text-align: center;
    }
    td {
        border-bottom: 1px solid #f0f0f0;
        font-size: 14px;
        padding: 5px;
        text-align: center;
    }
</style>
<div class="table-responsive">
    <table class="table" style="width: 700px;">
        <thead>
            <tr>
                <th>ID</th>
                <th>Nombre de usuario</th>
                <th>Email</th>
                <th>Nombre</th>
                <th>Apellidos</th>
                <th>Edad</th>
                <th>Activo</th>
            </tr>
        </thead>
        <tbody>
            <tr>
                <td>1</td>
                <td>Username1</td>
                <td>user1@gmail.com</td>
                <td>Pablo</td>
                <td>Fernández</td>
                <td>45</td>
                <td>Sí</td>
            </tr>
            <tr>
                <td>2</td>
                <td>Username2</td>
                <td>user2@gmail.com</td>
                <td>Elena</td>
                <td>Rodríguez</td>
                <td>39</td>
                <td>No</td>
            </tr>
            <tr>
                <td>3</td>
                <td>Username3</td>
```

```
                <td>user3@gmail.com</td>
                <td>Celia</td>
                <td>Fernández</td>
                <td>12</td>
                <td>Sí</td>
            </tr>
            </tbody>
        </table>
    </div>
```

Como se aprecia en la imagen, la barra de desplazamiento lateral se muestra y permite ir hasta los campos ocultos.

La otra forma de mostrar esta tabla sería a través de tablas adaptativas, que como se ha dicho antes, se muestran como si fuese una lista.

ID	1
Nombre de usuario	Username1
Email	user1@gmail.com
Nombre	Pablo
Apellidos	Fernández
Edad	45
Activado	Sí
ID	**2**
Nombre de usuario	Username2
Email	user2@gmail.com
Nombre	Elena
Apellidos	Rodríguez
Edad	39
Activado	No
ID	**3**
Nombre de usuario	Username3
Email	user3@gmail.com
Nombre	Celia
Apellidos	Fernández
Edad	12
Activado	Sí

Tabla 6.5. Ejemplo tabla responsive adaptativa

Y el código HTML y CSS del ejemplo correspondiente a la figura 9.3 es:

```
<style>
    @media only screen and (max-width: 760px),
    (min-device-width: 768px) and (max-device-width: 1024px){
        table {
              border: 1px solid #e8e8e8;
              font-family: Verdana;
              font-size: 13px;
        }
        table, thead, tbody, th, td, tr { display: block; }
        thead tr {
            position: absolute;
            top: -9999px;
            left: -9999px;
        }
        tr {
            border-bottom: 1px solid #e8e8e8;
            padding-bottom: 5px
        }
        tr:nth-child(2n) { background: #f0f0f0; }
        td {
            border: none;
            border-bottom: 0px solid #eee;
            position: relative;
            padding-left: 50%;
            line-height: 22px;
        }
        td:before {
            position: absolute;
            top: 6px;
            left: 6px;
           width: 45%;
           padding-right: 10px;
            white-space: nowrap;
        }
        td:before { content: attr(data-field); }
    }
</style>
<table>
    <thead>
        <tr>
            <th>ID</th>
            <th>Nombre de ususario</th>
            <th>Email</th>
```

```
            <th>Nombre</th>
            <th>Apellidos</th>
            <th>Edad</th>
            <th>Activo</th>
        </tr>
    </thead>
    <tbody>
      <tr>
          <td data-field=”ID”>1</td>
          <td data-field=”Nombre de usuario”>Username1</td>
          <td data-field=”Email”>user1@gmail.com</td>
          <td data-field=”Nombre”>Pablo</td>
          <td data-field=”Apellidos”>Fernández</td>
          <td data-field=”Edad”>45</td>
          <td data-field=”Activado”>Sí</td>
      </tr>
      <tr>
          <td data-field=”ID”>2</td>
          <td data-field=”Nombre de usuario”>Username2</td>
          <td data-field=”Email”>user2@gmail.com</td>
          <td data-field=”Nombre”>Elena</td>
          <td data-field=”Apellidos”>Rodríguez</td>
          <td data-field=”Edad”>39</td>
          <td data-field=”Activado”>No</td>
      </tr>
      <tr>
          <td data-field=”ID”>3</td>
          <td data-field=”Nombre de usuario”>Username3</td>
          <td data-field=”Email”>user3@gmail.com</td>
          <td data-field=”Nombre”>Celia</td>
          <td data-field=”Apellidos”>Fernández</td>
          <td data-field=”Edad”>12</td>
          <td data-field=”Activado”>Sí</td>
      </tr>
      </tbody>
    </table>
```

6.11 LAS IMÁGENES

Uno de los factores que más ralentiza la carga de las interfaces son las imágenes. Las imágenes tienen la cualidad de atraer y distraer a usuarios por igual, por eso, es importante gestionar bien este aspecto.

6.11.1 Texto alternativo

Siempre que se defina una imagen a través de su etiqueta IMG, se debe incluir un texto alternativo en su propiedad ALT. Esto proporciona información a los usuarios si la imagen no puede ser cargada o si han deshabilitado la carga de imágenes en su navegador.

6.11.2 Tamaño

Se debe optimizar la compresión de las imágenes con la mínima pérdida posible de datos relevantes para disminuir el tiempo de latencia. Los métodos más frecuentes para reducir el tamaño de las imágenes son disminuir el número de colores utilizado, aumentando su compresión o reducir la resolución.

6.11.3 Uso decorativo

El uso de imágenes con fines decorativos debe ser evitado ya que aumentan el peso de las páginas y, por consiguiente, el tiempo de latencia. Además, perjudican a la accesibilidad web.

6.11.4 Tipografías icónicas

Una tipografía icónica es un tipo de fuente que, en vez de símbolos o letras, tiene gráficos vectoriales. Mejoran la experiencia de usuario ya que permiten personalizar los gráficos como si de texto se tratase, evitan solicitudes al servidor innecesarias y disminuyen el peso de la página acelerando su carga.

6.11.5 Sprites

La utilización de sprites (conjunto de imágenes unificadas en un único archivo) permite disminuye el tiempo de latencia al evitar llamadas innecesarias. Además, permite su selección a partir de propiedades de estilo.

No es lo más recomendable ya que suelen ocupar gran tamaño, sin embargo, son de gran utilidad cuando las fuentes icónicas no cubren las necesidades.

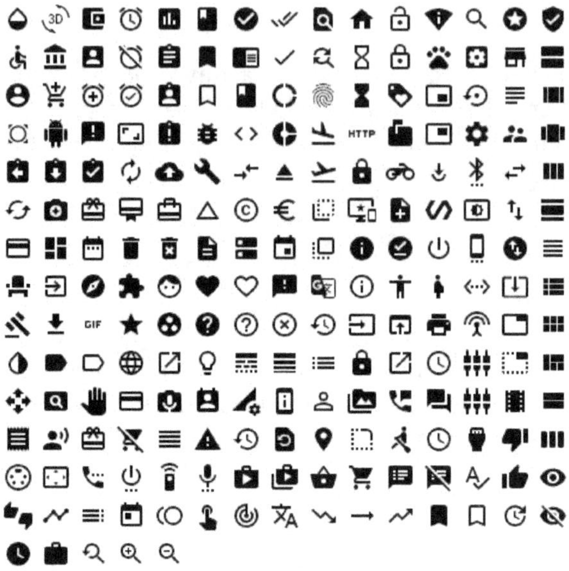

Figura 6.18. Sprite de acciones de Material Design Icons. Descargable desde https://github.com/google/material-design-icons

6.11.6 Logos

El logo debe situarse siempre en una parte visible y destacada de la pantalla para asegurar la identidad del sitio. Normalmente se sitúa en la zona superior izquierda.

Los logos deben proporcionar la imagen de la empresa u organización, por ello, deben dar muestra de los colores corporativos.

Para facilitar la navegación y la "vuelta atrás" debe tener un enlace a la página de Inicio o Home.

6.11.7 Imágenes responsive

Uno de los problemas de utilizar imágenes es que, si se desea que tengan calidad, su resolución debe estar acorde con el tamaño del dispositivo en el que se muestran. Si, además, se tiene en cuenta la densidad de píxeles de estos dispositivos y la multitud de resoluciones que existen, los resultados pueden volverse muy poco reconfortantes.

Para intentar resolver este problema se ha optado por utilizar el estándar de HTML5, el cual, permite la definición de varias imágenes dentro de un bloque y actúa como un "selector automático" mostrando, una u otra, en función de unos parámetros de resolución indicados. A continuación se muestra un código HML5 con un ejemplo de cómo utilizar las imágenes en diferentes dispositivos:

```
<img src=imgMovil.jpg"
     srcset="imgMovilHD.jpg 2x, imgTablet.jpg 768w,
             imgTabletHD.jpg 768w 2x, imgFull.jpg 1280w,
             imgFullHD.jpg 1280w 2x"
     alt="título de la imagen" />
```

El valor 2x actúa como selector indicando que se trata de dispositivos de retina. Los valores 768 w y 1280 w actúan como condicionantes que indican que se mostrará la imagen asociada en resoluciones mayores a la indicada por el valor.

Otra forma de establecer imágenes responsive es a través del elemento PICTURE y SOURCE.

```
<picture>
    <source srcset="imgMovil.jpg, imgMovilHD.jpg 2x"
            media="(max-width: 768px)">
    <source srcset="imgTablet.jpg, imgTabletHD.jpg 2x"
            media="(max-width: 1280px)">
    <source srcset="imgFull.jpg, imgFullHD.jpg 2x">
    <img srcset="imgFull.jpg" alt="título de la imagen">
</picture>
```

El uso de este estándar disminuye el tiempo de latencia y mejora la visibilidad de las imágenes ya que el nivel de interpolación o extrapolación baja.

6.12 LOS BANNERS

Los banners son una práctica muy útil cuando se desea tener el control de los anuncios o espacios publicitarios. Para controlarlos se utiliza la métrica CTR, sin embargo, si no se sitúan en sitios estratégicos y visibles pueden no tener el efecto deseado.

6.12.1 Posición

La mayoría de los usuarios no llegan al final de las páginas. Buscan el contenido que necesitan y, una vez lo consiguen, salen del sistema. Además, en muchas ocasiones, entran por "rebote" y no llegan a leer más allá de lo que muestra la pantalla. Por esta razón, los banners deben estar al principio, para que tengan la mayor efectividad posible.

6.12.2 Situación

Los banners deben situarse, sobre todo, en las páginas de inicio o home ya que el ratio de CTR aumenta en este tipo de páginas.

6.12.3 Tamaño

Los banners deben tener un tamaño adecuado para que llame la atención pero no reste importante a los contenidos actuales.

Los estándares más utilizados en el pasado eran los formatos basados en proporciones siendo las más usadas la relación 6:1 (por ejemplo 1920 x 320 o 1280 x 210) y la relación 4:1 (por ejemplo 1920 x 480 o 1280 x 320). Sin embargo, hoy en día, se utilizan banners que ocupan todo el espacio de la pantalla con el fin de proporcionar un toque de distinción y de diseño moderno.

6.12.4 Contexto

Para evitará frustraciones innecesarias deben tratar de temas relacionados con el contexto de la página y estar en el mismo idioma.

6.13 LOS CARRUSELES O SLIDERS

Un slider es un conjunto de imágenes que funciona como un pase de diapositivas y que, habitualmente, suele ir asociado a algún tipo de animación automática. Los carruseles son lo mismo que los sliders, con la diferencia de que tienen un ciclo de vida infinito.

Figura 6.19. Ejemplo de carrusel de 3 imágenes. Imagen extraída de unsplash.com

6.13.1 Uso de JavaScript

Es muy importante evitar las animaciones a través de JavaScript. Siempre que se pueda, hay que realizarlas a través de estilos CSS o a través de gráficos basados en vectores escalables (SVG).

6.13.2 Número de diapositivas

Si las diapositivas son numerosas, la navegación se complica. Los elementos que se encuentran al final de la lista pierden efectividad y el ciclo de vida queda demasiado espaciado. Sin embargo, por debajo de tres diapositivas, el slider o carrusel pierde todo el sentido.

Por este motivo, la norma que se ha establecido es que, para que un slider o carrusel sea efectivo, debe contener entre 3 – 5 diapositivas. Si se desean más diapositivas se podrían organizar en pestañas pero siempre recordando que a mayor número de diapositivas, mayor será el tiempo de latencia y menor la satisfacción del usuario.

6.13.3 Posición

Al igual que los banners, cuando están posicionados por debajo del límite de visibilidad o en un lateral, pierden gran parte de su capacidad de impacto y provoca una experiencia de usuario confusa. No hay que olvidar que el objetivo de estos componentes es focalizar la atención del usuario.

6.13.4 Transiciones

Los efectos de transición pueden ser muy costosos para la máquina, pueden provocar lentitud y pueden restar usabilidad a las páginas.

Las transiciones deber realizarse sin cambios bruscos y con un intervalo de muestra entre 8 a 10 segundos. Si la transición se ejecuta a demasiada velocidad puede molestar en la lectura de los demás elementos de la página.

Desde el punto de la usabilidad, el fundido encadenado es una de las transiciones más efectivas porque permite dejar un tema con suavidad y deslizarse hacia el tema siguiente.

6.13.5 Parada y reanudación

Para que un carrusel o slider sea usable debe tener la capacidad de ser parado o reanudado por el usuario cuando él desee.

Cuando un usuario sitúa el cursor del ratón sobre una de las imágenes del slider o carrusel, la animación debe pararse hasta que el ratón salga fuera del objeto o elemento. Una vez esté fuera del ámbito del slider o carrusel, la animación se debe reanudar desde el punto de parada anterior.

Además de esta característica, los carruseles y sliders deben tener botones o enlaces a cada una de las diapositivas contenidas en él. Esta funcionalidad ayuda al usuario a controlar el flujo del elemento y no perder detalle de lo que le interesa.

Por último, se deben unos botones de parada y reanudación para mejorar la experiencia de usuario ya que si le molesta o frustra en un momento dado, puede pararlo y, si más tarde cambia de opinión, puede reanudarlo.

6.14 INFOGRAFÍAS

Las infografías son un método para expresar de forma gráfica lo que normalmente sería un proceso complejo. Son muy útiles para favorecer la compresión de conceptos o ideas cuando, estos, se vuelven complicados de expresar con solo texto.

Hay estudios que confirman que la mayor parte de lo que se percibe es visual y que la gran mayoría de los usuarios aprenden mejor si se explica visualmente.

Aunque originalmente se utilizaban solo en mapas y guías, poco a poco se han ido haciendo sitio destacado en el mundo del periodismo, marketing y diseño gráfico.

Una buena infografía se caracteriza por tener una historia que contar a modo de resumen, una imagen y estilo refinados y dar sensación de simplicidad aunque el concepto global no lo sea para no abrumar al usuario. Los temas más utilizados en Internet suelen ser los relacionados con la tecnología, la web, marketing, social media, historia, economía y salud.

Su objetivo suele ser o mostrar datos o responder a unas preguntas concretas. Si muestran datos estadísticos deben estar actualizados y tomados de fuentes fidedignas y confiables. Si lo que se pretende es responder a una o varias preguntas, se debe hacer desde un punto de vista práctico, replanteándolas desde una perspectiva diferente y proporcionando respuestas que puedan ser útiles para el usuario o lector.

Un ejemplo de infografía sencilla es la que se muestra a continuación dónde se muestra 3 pasos para crear un prototipo y qué principios se deberían tener en cuenta para realizarlo.

Figura 6.20. Ejemplo de infografía

6.15 BARRAS DE PROGRESO

Existen 2 tipos, de tamaño medible e indeterminadas. Las barras de progreso medibles son un componente que debe ser utilizado para mostrar el estado en tiempo real del sistema o interfaz cuando se está ejecutando una tarea o proceso que tiene una duración predecible y exacta. La duración no tiene porqué ser una medición en tiempo, puede ser una cantidad de bloques o partes. Si no se tiene conocimiento de la duración de la tarea o no se puede medir de forma exacta lo que se debe de utilizar es una barra de progreso indeterminada.

Las barras de progreso indeterminadas suelen mostrar una animación permanente que se inicia desde la izquierda y regresa a su origen desde derecha, volviendo a iniciarse. También pueden mostrar una animación que de izquierda a derecha de manera constante.

Es bueno que tengan los colores estándar de consecución de acciones, es decir, verde para indicar que todo sigue su curso y rojo para indicar que se ha producido un error. Eso no significa que no se puedan utilizar otros colores como los corporativos, sin embargo, no se le estará proporcionado un significado al estado y, a consecuencia, se estará perdiendo usabilidad.

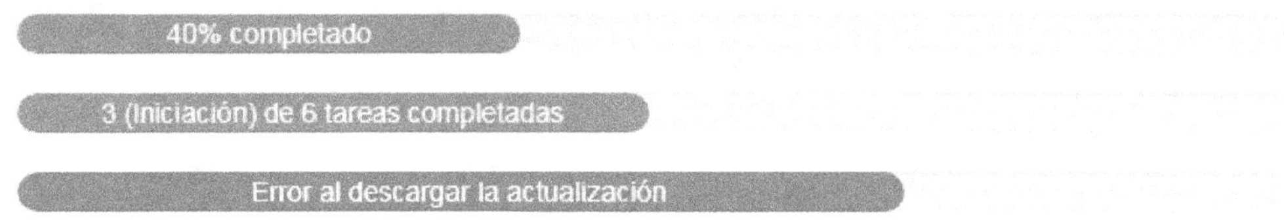

Figura 6.21. Ejemplo de barras de progreso medibles

Si la barra es de tipo indeterminado se puede utilizar gradientes suaves para indicar el progreso de la operación o un número pequeño de secciones diferenciadas.

Figura 6.22. Ejemplo de barra de progreso indeterminada de Internet Explorer 11

En lo referente a la coherencia, las barras de progreso deben proporcionar un sentido al concepto que representan. Si, por ejemplo, si se está representando el nivel de carga de una batería en un dispositivo móvil y su valor está cercano a cero se puede asociar a ese estado un color rojo simbolizando peligro o alerta. Al ser un valor próximo a cero, la barra debe encontrarse vacía y no al revés.

Figura 6.23. Ejemplo de barra de estado

6.16 VIDEOS Y MULTIMEDIA

Uno de los problemas que tienen los y videos y el multimedia es que no todos los navegadores soportan la reproducción a pantalla completa y, además, tener que personalizarlos de forma corporativa o sofisticada puede volverse una tarea muy ardua y tediosa.

Históricamente, los desarrolladores solo podían incrustar un archivo que no tenía la posibilidad de reproducirse sin descargarlo por completo, adquirir un desarrollo de terceros (que normalmente no era compatible con todos los navegadores) o utilizar un servidor de medios dedicado (lo que suponía un incremento muy alto de mantenimiento).

Actualmente varias hay opciones para poder realizar streaming desde las interfaces aunque, según qué navegador vaya a reproducir el contenido multimedia, requerirá utilizar uno u otro tipo de codificación diferente.

6.16.1 Codecs de audio

Existen muchos formatos de audio por lo que aquí se comentan algunos de los más utilizados:

- **MPEG-2 Layer III (MP3)**: Es un formato de compresión de audio digital con pérdida diseñado para disminuir el tamaño de los archivos y que soportan la inmensa mayoría de los navegadores del mundo. En general es compatible con Firefox, Chrome, Opera, Internet Explorer 9+ y Safari 3.1+.

- **Waveform Audio Format in PCM (WAV)**: Es un formato de audio digital sin compresión registrado por Microsoft e IBM pensado para almacenar sonidos en los sistemas y uso profesional. Por lo general, este formato de archivo consume unos 10 MB/min de espacio en disco lo que hace que no sea apropiado para uso en la web. En general es compatible con Firefox, Chrome, Opera 10.5+ y Safari 3.1+.

- **Free Lossless Audio Codec (FLAC)**: Es un formato de compresión de audio digital que permite la compresión sin pérdidas sin afectar al tamaño de los archivos. Es muy utilizado en el ámbito profesional ya que también permite el uso de metadatos, incrustado de portadas y búsqueda rápida. En general no es compatible con casi ningún navegador de uso común exceptuando Firefox y Chrome.

- **Advanced Audio Coding (AAC)**: Es un formato de compresión de audio digital con pérdida diseñado para obtener un alto rendimiento y calidad a un bajo coste en tamaño y con posibilidad de protección anticopia. Es un formato que recomienda Apple para sus reproductores de audio y que soportan aplicaciones como Ahead Nero, Winamp o Nintendo DSi.

6.16.2 Codecs de video

Existen muchos formatos de video por lo que aquí se comentan algunos de los más utilizados:

- **H.264/MPEG-4 AVC**: Es un formato de audio y video digital de alta compresión con pérdida pero que proporciona una muy buena calidad con tamaños muy inferiores a sus antecesores previos (MPEG-2, H.263 o MPEG-4 parte 2). El formato está patentado y, aunque su utilización sigue siendo libre para usos no comerciales, es complicado y potencialmente costoso. En general es compatible con Internet Explorer 9+, Safari 3.1+ y Chrome.
- **Ogg Theora**: Es un estándar abierto desarrollado por la Fundación Xiph. Org que no está patentado y está diseñado para utilizarse como solo audio, solo video o como combinación de varias pistas independientes para audio, vídeo, texto (como subtítulos) y metadatos. En general solo es compatible con Firefox, Chrome y Opera 10.5+.
- **VP8 (WebM)**: Es un estándar de código abierto que está pensado para competir contra su rival H.264/MPEG-4 AVC y que, supuestamente, mejora la tasa de ancho de banda y compresión. En general es compatible con Firefox 4.0+, Chrome 6.0+, Internet Explorer 9+, Opera 10.6+ y Safari 3.1 (aunque debe instalarse de forma separada).

6.16.3 Almacenamiento

Dado que los navegadores no siguen un estándar común en lo referente a codecs de audio y video, todos los sistemas que almacenen archivos multimedia en sus propios servidores deben tener al menos tres versiones, una versión para cada navegador que deseen soportar.

Por esta razón, almacenar videos en el mismo servidor dónde está la interfaz o sistema no es una práctica recomendada ya que, además de tener que mantener la compatibilidad, se pueden producir cuellos de botella que pueden afectar a los tiempos de latencia. Casi siempre es mejor subirlos a servidores multimedia dedicados como YouTube o Vimeo.

6.16.4 Subtítulos y descripción de audio

Los contenidos multimedia y videos deben proporcionar un enlace al documento recopilado de subtítulos y descripción de audio. Esto es de gran ayuda para los usuarios con discapacidad visual o auditiva y aumenta su usabilidad. Dichos documentos pueden estar en otra ubicación o dentro la misma interfaz o sistema.

En lo referente a videos, se deben establecer los subtítulos para que el usuario pueda reproducirlo sin sonido, si lo desea. Además esto ayuda a la accesibilidad web ya que también se benefician los usuarios con discapacidad auditiva.

6.16.5 Parada y reanudación

Se debe tener acceso a los botones de parada y reanudación para mejorar la experiencia de usuario.

6.16.6 Tamaño accesible en móviles

Si la audiencia van a ser usuarios con algún tipo de discapacidad visual o auditiva se debe seguir el estándar de la accesibilidad web que indica que, para dispositivos móviles, los videos deben tener una resolución de 320×240, con un peso de ±2 MB y una duración media de 20 segundos.

6.17 LAS VENTANAS EMERGENTES O POP-UPS

6.17.1 Por qué no se deben utilizar

En general, las ventanas emergentes o pop-up aumentan la complejidad de la navegación provocando un desconcierto a causa de que abren una nueva sección de contenidos sobre el escenario de navegación principal sin que el usuario lo solicite. La superposición de estos contenidos puede ser en una nueva pestaña o ventana del navegador o, dentro de la misma página a través de capas independientes.

Los principales motores de búsqueda como Google penalizan los pop-up que cubren el 100 por 100 de la pantalla, que tienen que ser cerrados antes de que el usuario pueda empezar a leer o que tapen la parte visible del contenido principal. El uso de este tipo de técnicas genera al usuario una frustración causando que suba el porcentaje de rebote.

6.17.2 Título

El título de las ventanas emergentes, como cualquier otro título de contenidos, debe proporcionar un texto legible y descriptivo sobre el contenido o la acción que se va a realizar.

6.17.3 Mensajes

A cada mensaje o acción se le puede asignar una relevancia, severidad o significado. Por este motivo las ventanas emergentes debe proporcionar la imagen de lo que el contenido representa. Por ejemplo, en un mensaje de alerta, lo ideal, es utilizar colores que provoquen sensación de advertencia o de peligro y si se va a mostrar un formulario, lo ideal, es optar por colores que produzcan sensaciones positivas intentando respetar la identidad corporativa.

Los mensajes deben utilizar la jerga del usuario, sin tecnicismos y ser claros. Además, si son de error, deben proporcionar una ayuda para poder solucionarlo.

6.17.4 Botones

Toda ventana emergente debe tener los botones de cerrar y cancelar. El botón de cerrar debe situarse arriba a la derecha y el botón de cancelar, por norma, se debe colocar abajo a la izquierda.

6.17.5 Acciones separadas

Las acciones de vuelta atrás o cancelar deben estar separadas de las demás.

Normalmente, todas las acciones de contexto como son guardar, actualizar, enviar,... suelen situarse abajo a la derecha para evitar que los usuarios cometan errores involuntarios.

6.17.6 Contenido

El contenido debe estar personalizado, como si fuese exclusivamente para el usuario que está navegando, ya que aumenta su sensación de aprecio por parte de la interfaz o sistema.

6.17.7 Estructura y organización

Es importante que los contenidos emergentes estén bien organizados y estructurados para evitar el rechazo visual. Si se solicita la información en un orden lógico que haga sentirse cómodo al usuario, se presenta la información organizada y se le guía en el transcurso del proceso, la satisfacción será mayor y habrá más posibilidades de que finalice la tarea.

6.17.8 Transiciones o efectos

El uso de transiciones o efectos solo está recomendado para los momentos de presentación o desaparición de los pop-ups. Si se desean utilizar efectos visuales como transiciones se debe hacer con inteligencia ya que, estos, pueden provocar una distracción involuntaria e ignorar su objetivo.

6.18 LA SIMPLICIDAD COMO RECURSO

La simplicidad es la cualidad de lo simple, una cualidad que viene definida por carecer de características especiales o singulares, es decir, que es puramente aquello que dice que es. El concepto de lo simple se rige por una serie de normas o leyes que hacen que el diseño se vuelva más transparente y esté un paso más cerca del éxito.

John Maeda, diseñador y computólogo, explicó la simplicidad desde un punto de vista más del producto en su libro “Las Leyes De La Simplicidad”. Aquí, aunque vienen a decir un poco lo mismo, se cuentan de forma diferente y presentados como un acróstico.

6.18.1 Simplificación

Albert Einstein dijo: Todo debe hacerse lo más sencillo posible, pero no más sencillo. Esta frase del mítico físico viene a decir que no hay que forzar la sencillez porque tratar de simplificar más de lo debido un problema puede provocar que se vuelva complejo. Ejemplo de ello es establecer muchas validaciones simples en un campo de formulario cuando, en realidad, solo se necesitaba una que fuese más completa y dinámica.

6.18.2 Innovación

No se debe innovar en conceptos, solo en diseño. También se puede mejorar la funcionalidad siempre y cuando el resultado produzca un nivel de satisfacción mayor y no repercuta en la compresión de lo que, por definición, es o debería ser.

6.18.3 Minificación

Se debe eliminar lo obvio o evidente sin afectar a la funcionalidad o al mensaje. Para ello, se puede formar objetos más pequeños y ocultar lo innecesario o menos útil.

6.18.4 Ponderación

Se debe examinar con imparcialidad el objetivo a conseguir para obtener una mayor simplicidad.

6.18.5 Lucubración

Se debe reflexionar sobre el objetivo a conseguir con atención y cuidado para establecer las conclusiones y soluciones más adecuadas y precisas.

6.18.6 Instado

Se debe instar la ejecución del intercambio de información. El tiempo es oro y disminuir los tiempos de respuesta y espera hace que las cosas parezcan más simples. Como se ha comentado en capítulos anteriores, para conseguir este objetivo, se puede reducir el tiempo de latencia o ajustar el tamaño del buffer, por ejemplo.

6.18.7 Confianza

La confianza es otra de las cualidades que provoca sensación de sencillez a los usuarios. El no tener que preocuparse de lo que está pasando por detrás, el no pensar que lleva algo oculto, provoca sentimientos de seguridad y familiaridad y obliga al usuario a centrarse el lo que hace o es y no en cómo lo hace o en lo que puede ser.

6.18.8 Integración

Integrar muchas emociones en el diseño puede ser mejor que combinar pocas, siempre y cuando mantengan un equilibrio. Conseguir que los objetos o diseños transmitan emociones es una característica que puede hacer que se vuelvan menos fríos, más familiares, más cercanos o que adquieran más significado.

6.18.9 División

La frase atribuida a Julio César "Divide y vencerás", en computología hace referencia a un dicho popular que viene a decir que, dividiendo un problema complejo en partes más pequeñas, la resolución se vuelve evidente. Después de este análisis y antes de crear la solución, se puede organizar, priorizar e integrar los distintos elementos de forma que se pueda mostrar la complejidad como si fuese algo mucho más sencillo.

6.18.10 Aprendizaje

Cuando el sistema o interfaz se basa en algo conocido se debe utilizar el conocimiento ya adquirido. En caso contrario, se debe dotar al sistema o interfaz de la información necesaria para que el usuario pueda adquirir ese conocimiento, antes de utilizarlo, a través de leyendas, instrucciones o cualquier otro método de ayuda.

6.18.11 Diferenciación

La simplicidad y la complejidad son como el Yin y el Yang, dos cosas que son opuestas y complementarias. Diferenciarse de la mayoría es el reto a conseguir. Realizar composiciones breves y limpias, extraer mensajes claros y directos de un proceso complejo, etcétera es lo que hará que un diseño parezca sencillo independientemente de la complejidad que conlleve detrás.

7

DISEÑO CENTRADO EN LA ACCESIBILIDAD

"Un sistema usable puede que no sea accesible pero un sistema accesible, seguro que es usable"

Pablo E. Fernández

7.1 QUÉ ES LA ACCESIBILIDAD WEB

La accesibilidad es la cualidad de accesible, un adjetivo que se refiere a aquello que es de fácil acceso, trato o comprensión. El concepto se utiliza para nombrar al grado en el que todas las personas, más allá de sus capacidades físicas o técnicas, pueden utilizar un cierto objeto o acceder a un servicio.

Existen diversas ayudas técnicas para promover la accesibilidad y equiparar las posibilidades de todas las personas. Esto supone que un lugar que presenta buenas condiciones de accesibilidad puede recibir a toda clase de gente sin que exista un perjuicio o una dificultad para nadie.

Una de estas ayudas técnicas más comunes es lo que se denomina tecnología asistiva. **Una tecnología asistiva** (TA) es una herramienta utilizada para permitir que personas o usuarios con discapacidad puedan beneficiarse de las misma ventajas que sus pares sin discapacidad.

Cuando se habla accesibilidad Web, en realidad, se hace referencia a una serie de normas de diseño que van a permitir a todo tipos de usuarios (con o sin discapacidad) percibir, entender, navegar e interactuar con una interfaz o sistema.

Un grupo de estas normas se conocen como **Pautas de Accesibilidad para Agentes de Usuario** (UAAG) y muestran cómo hacer que las herramientas formadas por navegadores, reproductores multimedia y tecnologías asistivas, entre otras, sean accesibles para personas con discapacidad.

Otro grupo de normas son las denominadas **Pautas de Accesibilidad para Herramientas de Autor** (ATAG) y tienen como objetivo definir la forma en la que las herramientas ayudan a los desarrolladores o diseñadores a producir un contenido que cumpla todas las Pautas de Accesibilidad al Contenido en la Web (WCAG).

Las ATAG están pensadas principalmente para desarrolladores entre las que se incluyen:

- Editores de HTML y XML de WYSIWYG (What You See Is What You Get).
- Procesadores de texto o paquetes de publicación.
- Herramientas de conversión que transforman formatos de publicación a HTML.
- Edición y producción de vídeo, paquetes de autor de SMIL.
- Gestores de contenido (CMS), herramientas de conversión instantánea o de publicación de sitios Web.
- Herramientas de diseño (SASS, SVG o gráficos vectoriales, minificadores…).

7.1.1 Tipos de discapacidad

Actualmente, muchos de los sistemas, por no decir la mayoría, son inaccesibles (en mayor o menor media) lo que dificulta o imposibilita la utilización Internet para muchos usuarios con discapacidad.

La accesibilidad Web engloba los tipos de discapacidades en cuatro grandes grupos:

Discapacidad Visual

Discapacidad Física

Discapacidad Auditiva

Discapacidad cognitiva, intelectual o psíquica

Figura 7.1. Iconos accesibles extraídos de pictogramas de Access Friendly

- La **discapacidad visual** es una anomalía parcial o total del sentido de la vista y que puede referirse desde a una pérdida de visión hasta a una sensibilidad especial a la fotografía o a la luz.
- La **discapacidad física** es un tipo de anomalía que imposibilita o dificulta, a quien la padece, el control de las funciones motoras o de su cuerpo.
- La **discapacidad auditiva** es una anomalía parcial o total del sentido del oído y que puede referirse desde a una pérdida de audición parcial, lo que se denomina hipoacusia, hasta a una pérdida total, lo que se conoce como cofosis.
- La **discapacidad intelectual** es una anomalía que imposibilita o dificulta realizar funciones de tipo mental como es el habla, el cuidado personal o la integración social y no tiene por qué estar asociada a ninguna enfermedad o trastorno ya que, mucha de la población mundial, tiene algún tipo de discapacidad intelectual. También se la suele denominar **discapacidad cognitiva** si va referida al desarrollo intelectual y/o la adaptación social de algunas personas.

Viendo la cantidad de discapacidades que existen y la cantidad de usuarios que poseen una o varias de ellas, se hace imperioso la necesidad de suministrar accesibilidad a las interfaces o sistema. No solo porque aumente su usabilidad, ni porque pueda tener mejor indexación con los motores de búsqueda, sino porque lo importante son los usuarios.

7.2 LEGISLACIÓN Y LA WCAG 2.0

La **UNE 139803:2012**, titulada, Requisitos de Accesibilidad para contenidos en la web, es un norma que establece los requisitos referentes a las Pautas de Accesibilidad para el Contenido Web (WCAG), de la Iniciativa de Accesibilidad Web (WAI) y del Consorcio de la World Wide Web (W3C). Es equivalente a la **WCAG 2.0 AA**.

El estándar **ISO/IEC 40500:2012**, titulada, Pautas de Accesibilidad para el Contenido Web (WCAG) 2.0, cubre una amplia gama de recomendaciones para hacer que el contenido web sea más accesible haciendo que personas con discapacidad auditiva, visual, física, intelectual o cognitiva puedan beneficiarse de Internet.

La WCAG es una recomendación internacional sobre cómo hacer accesibles los contenidos de la Web para personas con discapacidad teniendo, como factores clave, la tecnología y la experiencia de usuario, entre otros. Los criterios de éxito de WCAG 2.0 se escriben a modo de afirmaciones revisables que no solo atañan a la tecnología.

A continuación se resumen algunas normas gubernamentales sobre los estándares de accesibilidad a nivel mundial. En general, estas normas se suelen aplicar a los sistemas de las agencias gubernamentales más que a sistemas comerciales, a excepción de Australia y Noruega, donde todos los sistemas e interfaces deben cumplir la normativa.

País	Estándar / Legislación
Australia	WCAG 2 AA / *Disability Discrimination Act*
Canadá	WCAG 2 AA / Human Rights Act 1977
UE	WCAG 2 AA / European Parliament Resolution (2002)
Francia	*RGAA 3* (basado en WCAG 2) / *Law No 2005-102, Article 47*
Alemania	*BITV 2* (basado en WCAG 2) / Federal Disabled Equalization Law (BGG)
Hong Kong	WCAG 2 AA
India	GIGW (basado en WCAG 2 A) / *Guidelines for Indian Government Websites*
Irlanda	WCAG 2 AA / *The Disability Act 2005*
Israel	WCAG 2 AA / *Equal Rights of Persons with Disabilities Law, 5758-1998*
Italia	WCAG 2 /*Law No. 4/2004 (Stanca Law)*
Japón	*X 8341-3:2016* (iagual a WCAG 2)
Países Bajos	WCAG 2 AA
N. Zelanda	WCAG 2 AA / *Human Rights Amendment Act 2001*
Noruega	WCAG 2 AA (con excepciones) / *LOV 2008-06-20 nr 42*
Ontario	*AODA* (equivalente a WCAG 2 AA)
Quebec	SGQRI 008 (basado en WCAG 2) / *Standards sur l'accessibilité du Web*
España	WCAG 2 AA (UNE 139803:2012) / Law 34/2002, Law 51/2003
Reino Unido	WCAG 2 AA / *Equality Act 2010*
USA	Section 508 (basado en WCAG 1) / *Section 508 of Rehabilitation Act*

Tabla 9.1. Resumen de normas a nivel mundial.

7.3 COMPRENDIENDO EL ESTÁNDAR SMIL

SMIL (Synchronized Multimedia Integration Language) es un estándar de la W3c que está basado en XML y que permite a los diseñadores integrar audio, video, imágenes, texto o cualquier otro contenido multimedia a las interfaces. Ahora mismo está vigente la versión 3.0. *http://www.w3.org/TR/SMIL3/*.

Su antecesor, SMIL1.0 permitía a los desarrolladores o diseñadores describir el comportamiento temporal de la presentación, su disposición en la pantalla y asociar enlaces a los objetos.

Según se ha ido avanzando en número de versión, se han ido ganando nuevas características que han ayudado a la navegación y animación, que han proporcionado soporte para realizar broadcast, han incluido nuevas funcionalidades en el formato visual y un incremento en el rendimiento, característica de gran importancia si se contextualiza en el mundo de los dispositivos móviles.

Finalmente, en diciembre de 2008 aparece la recomendación SMIL 3.0 que se desarrolla pensando en la construcción de aplicaciones multimedia en plataformas que soportan los estándares Web. Por ejemplo, en este nuevo estándar se pueden añadir presentaciones multimedia de forma segura a otras aplicaciones XML, incluyendo HTML y SVG. SMIL 3.0, además, facilita el desarrollo de aplicaciones multimedia sobre plataformas móviles y posee una versión llamada "SMIL Tiny" que es un perfil mínimo de SMIL 3.0 perfecto para sistemas incrustados y aplicaciones ligeras, como reproductores multimedia.

SMIL 3.0 es un estándar que beneficia a todos pero, especialmente, a los usuarios con discapacidad visual ya que permite cubrir sus necesidades de una forma sencilla y organizada.

7.3.1 Módulos de SMIL

- **Módulo de disposición**: Permite definir las propiedades o atributos para posicionar los contenidos, el orden de visualización en espacios coincidentes, tamaño y posición de las regiones, el color de fondo o la forma de ajuste.

- **Módulo de sincronización**: Permite definir las propiedades o atributos para establecer los valores de inicio y fin por defecto, la duración, el modo de reproducción, el tipo de iteración, número de veces a iterar y los valores máximo y mínimo del objeto multimedia, entre otros.
- **Módulo de animaciones**: Permite cambiar dinámicamente las propiedades de objetos de contenido como el color o posición, el modo de cambio y/o el tipo de cambio.
- **Módulos de control de contenidos**: Permite definir las propiedades o atributos para controlar la representación de uno u otro contenido mediante son el bitrate, el idioma, el tamaño de la pantalla, los subtítulos y/o la CPU.
- **Módulo de enlaces**: Permiten definir algunas propiedades para interactuar con los usuarios.
- **Módulo de metadatos**: Permite definir la descripción del contenido como es el autor, el título o el email, por ejemplo.
- **Módulo de transiciones**: Permite definir cómo se van a realizar las transiciones en el objeto multimedia, su duración, color de desvanecimiento y el modo de transición, entre otros.

Existen bastantes reproductores que permiten leer e interpretar ficheros SMIL y trascribir las acciones que en él se describen.

7.3.2 Ejemplo de contenido SMIL

```
<smil>
    <head>
        <meta name="author" content="Pablo Fernández"/>
        <meta name="title" content="Ejemplo multimedia"/>
        <meta name="copyright" content="(c)2018 PEFC"/>
    </head>
   <body>
        <switch>
            <par system-bitrate="700000">
            <!-Para resoluciones >= 1280x720 -->
                <audio src="audio/audioHD.snd"/>
                <video src="video/videoHD.avi"/>
                <image src="lyrics/imagenHD.jpg"/>
            </par>
            <par system-bitrate="350000">
            <!-Para resoluciones >= 320x240 -->
                <audio src="audio/audioMobile.snd"/>
```

```
                <video src="video/videoMobile.avi"/>
                <image src="lyrics/imagenMobile.jpg"/>
            </par>
        </switch>
    </body>
</smil>
```

Código 7.1. Ejemplo de descripción multimedia SMIL.

7.4 COMPRENDIENDO LA INICIATIVA WAI ARIA

La WAI ARIA (Web Accessibility Initiative Accessible Rich Internet Applications) es una iniciativa del W3C que define o describe una forma de realizar contenidos accesibles. Es muy eficiente con contenidos dinámicos y desarrollos creados bajo los lenguajes HTML, Ajax o JavaScript.

El objetivo principal de este estándar es proporcionar información adicional y útil en las diferentes partes del contenido, sirviendo de ayuda para los usuarios finales que utilizan tecnologías asistivas tales como un lector de pantalla.

La WAI ARIA proporciona una serie de atributos que funcionan como identificadores de las diferentes partes de la aplicación que interactúa con el usuario. También se incluyen mapeo de controles, roles y eventos para la accesibilidad de las APIs (Application Programming Interfaces).

7.4.1 Partes de la WAI ARIA

WAI ARIA propone a los desarrolladores una serie de soluciones destinadas a **hacer accesibles widgets**, **áreas activas** y **demás componentes enriquecidos** que se encuentran en la mayoría de las aplicaciones web en la actualidad.

Para ello describen **roles** y **propiedades** con la finalidad de dotar de información a los productos de apoyo y para que interactúen adecuadamente con los componentes más normales de las aplicaciones web.

7.4.1.1 ROLES

Los roles de WAI ARIA proporcionan un nombre que identifica la funcionalidad de la estructura o contenido. A continuación se muestra el ejemplo de un widget sencillo en el que se ha querido representar una barra de herramientas con las tres funcionalidades propias del portapapeles.

```
<ul role="toolbar" tabindex="0" aria-activedescendant="copy">
    <li id="copy">Copiar</li>
    <li id="cut">Cortar</li>
    <li id="paste">Pegar</li>
</ul>
```

Código 7.2. Ejemplo de barra de navegación para gestión del portapapeles.

Otro ejemplo de muestra sobre el atributo role es el utilizado en HTML5 para formar estructuras usables y accesibles:

```
<nav id="nav" role="navigation">
    <!-- contenido de navegacion -->
</nav>
<section id="main" role="main">
    <!-- contenido principal -->
</section>
<div id="banner" role="banner">
    <!-- contenido anuncios -->
</div>
```

Código 7.3. Ejemplo de descripción de estructura.

7.4.1.2 ESTADOS Y PROPIEDADES

Las propiedades pueden establecer diferentes estados en los componentes, definir regiones dónde actualizar contenidos o describir las funciones de arrastrar y soltar.

A diferencia de los roles que solo disponen de un atributo para definir los valores, los atributos de estados y propiedades son muchos y cada uno de ellos puede tomar uno o varios valores. Además, algunos de los estados y propiedades son aplicables de manera global a todos los elementos independientemente de si se aplica un rol o no.

```
<h1 id="title1">Vista de la Vía Láctea desde Ávila</h1>
<p id="description">
   <!-- contenido de la descripción -->
</p>
<picture>
    <img src="allocate1.png"
         alt="descripción corta"
         aria-labelledby="title1"
         aria-describedby="descripction" />
</picture>
```

Código 7.4. Ejemplo de descripción de una imagen.

7.4.1.3 ATRIBUTOS DE COMPONENTE

Estos están pensados para apoyar a los roles y para definir elementos de E/S. A continuación se muestra un ejemplo típico de definición de atributos WAI ARIA para un campo de entrada de tipo texto.

```
<label for="name">Nombre
    <input type="text"
           id="name"
           name="name"
           required="required"
           aria-required="true" />
</label>
```

Código 7.5. Ejemplo de descripción de campo de texto accesible.

También se pueden establecer atributos que definan las regiones activas que pueden ser actualizadas aun sin hacerse a petición del usuario.

```
<p aria-live="polite">Nombre
    <!-- contenido del párrafo -->
</p>
```

Código 7.6. Ejemplo de definición de región activa.

En el código anterior se puede observar que al elemento de párrafo se le ha añadido un atributo de región activa **aria-live** con el valor polite. Una tecnología asistiva que reconozca WAI ARIA sabrá que párrafo será un área activa que podrá ser actualizada, en un futuro, con otro contenido.

Si el valor del atributo es **polite**, el contenido se podrá actualizar una vez haya acabado las tareas que esté haciendo en ese momento el usuario. Si el valor del atributo es **assertive**, el contenido se podrá actualizar aunque el usuario no haya terminado las tareas en ese momento.

7.4.1.4 ATRIBUTOS DE ARRASTRAR Y SOLTAR

Los atributos de arrastrar y soltar (drag&drop) permiten proporcionar información de cómo se realiza la funcionalidad.

```
<div role="menuitem" aria-dropeffect="copy move">
    <!-- contenido del párrafo -->
</div>
```

Código 7.7. Ejemplo de descripción de efecto drag&drop.

En el ejemplo anterior, el rol **menuitem** permite fijar la propiedad **aria-dropeffect** para indicar que tipo de acción acepta el elemento.

7.4.1.5 ATRIBUTOS DE RELACIONES

En ocasiones no se pueden establecer, a partir de las estructuras del documento, las relaciones o pertenencias de los elementos que lo forman. Para estas situaciones la WAI ARIA permite definir las dependencias a través de atributos relacionales. A continuación se muestra un ejemplo:

Como se ha visto en el código 7.4, se ha descrito un contenido visual a través de los atributos **aria-describedby** y **aria-labelledby** del elemento que contiene la imagen. El atributo **aria-labelledby** ayuda a identificar el contexto y el atributo **aria-describedby** proporciona la descripción asociado a ese contexto.

7.4.1.6 ACCESO MEDIANTE TECLADO

Cuando se habla de accesibilidad es muy frecuente sacar el tema de los atajos de teclado. Siempre que sea posible se deben establecer atajos de teclado. De esta manera, se podrá dar soporte a las personas que no dispongan de ratón, por ejemplo.

En HTML 4, solo los enlaces, campos de formulario, objetos, áreas y botones podían tomar el foco. En HTML5, todos los elementos pueden adquirir el foco gestionando el atributo **tabindex** que permite establecer un orden específico de navegación. Su valor por defecto u omisión es 0 y significa que la navegación se realizará en el orden de aparición en el documento. Si el valor se establece a -1, el elemento no podrá ser objeto del foco y, por lo tanto, se saltará.

La WAI ARIA, además, permite especificar otros comportamientos asociados a los hijos de los componentes que enriquecen el documento.

7.4.2 Soporte en navegadores y productos de apoyo

El **DOM** (Document Object Model) contiene la estructura jerárquica y semántica del documento y, uno de sus usos, es para generar componentes propios de las aplicaciones enriquecidas.

Las tecnologías asistivas pueden utilizar el DOM para identificar los objetos, sin embargo, cuanta más información se proporcione a estas aplicaciones, mejor experiencia de usuario tendrán.

Las API de accesibilidad proporcionan los roles, estados, atributos, etcétera para que puedan ser utilizadas por las tecnologías asistiva, como lectores de pantalla. Cuando se utiliza WAI ARIA, la semántica proporcionada debe estar acorde a los valores que se establecen en estas API para obtener un funcionamiento óptimo de las tecnologías asistivas.

La W3C proporciona un documento técnico dónde explica con detalle la asignación de las diferentes características de WAI ARIA con las Accessibility API más comunes: *http://www.w3.org/TR/wai-aria-implementation/*.

Hoy en día, prácticamente existen muchos productos que soportan la implementación de WAI ARIA, incluyendo navegadores, productos de apoyo y otras herramientas de desarrollo.

7.5 PAUTAS DE ACCESIBILIDAD PARA EL CONTENIDO WEB

7.5.1 Principios y directrices

7.5.1.1 PERCEPTIBLE

La información y los componentes de la interfaz deben ser visualizados de forma que los usuarios puedan percibirlos.

- **Pauta 1.1**: Proporcionar alternativas textuales para todos los contenidos que no son textuales para que puedan ser reinterpretados por medio de otros formatos como descripciones ampliadas, braile, lectura por voz, lenguaje de signos u otros lenguajes más sencillos.

- **Pauta 1.2**: Proporcionar alternativas para contenidos multimedia dependientes del tiempo en forma sincronizada.

- **Pauta 1.3**: Proporcionar contenidos que puedan presentarse de diferentes maneras sin que se pierda información o estructura.
- **Pauta 1.4**: Facilitar a los usuarios la posibilidad de ver y oír todo el contenido importante sin distinción de si está en primer plano o no.

7.5.1.2 OPERABLE

Los componentes de la interfaz de usuario y la navegación deben ser utilizables.

- **Pauta 2.1**: Proporcionar acceso a todas las funcionalidades a través de atajos de teclado.
- **Pauta 2.2**: Establecer unos tiempos suficientemente extensos como para leer y utilizar los contenidos.
- **Pauta 2.3**: Proporcionar contenidos que no provoquen convulsiones o ataques epilépticos.
- **Pauta 2.4**: Proporcionar ayudas adecuadas para que los usuarios puedan navegar, encontrar contenido y saber dónde se encuentran de forma sencilla.

7.5.1.3 COMPRENSIBLE

La información y el control de la interfaz deben ser entendibles.

- **Pauta 3.1**: Asegurase de que los contenidos textuales sean legibles y comprensibles.
- **Pauta 3.2**: Asegurase de que las interfaces de usuario sean utilizadas y presentadas de una forma predecible.
- **Pauta 3.3**: Ayudar a los usuarios a evitar y corregir los errores.

7.5.1.4 ROBUSTEZ

El contenido deber ser lo más robusto posible para que los agentes de usuario y tecnologías asistivas puedan interpretarlo.

- **Pauta 4.1**: Maximizar y posibilitar la compatibilidad con las aplicaciones actuales y futuras de los usuarios.

7.5.2 Niveles de conformidad

Existen 3 niveles de adecuación. Cada uno de ellos tiene unas directrices que están compuestos de uno o varios criterios a cumplir.

- Para conseguir pasar con el mínimo nivel de conformidad (**Nivel A**), el sistema o interfaz debe cumplir con los criterios:

  1.1.1 Contenido no textual

  1.2.1 Solo audio y solo vídeo grabado

  1.2.2 Subtítulos (grabados)

  1.2.3 Audio-descripción o Medio Alternativo (grabado)

  1.3.1 Información y relaciones

  1.3.2 Secuencia significativa.

  1.3.3 Características sensoriales.

  1.4.1 Uso del color.

  1.4.2 Control del audio.

  2.1.1 Teclado.

  2.1.2 Sin trampas para el foco del teclado.

  2.2.1 Tiempo ajustable

  2.2.2 Poner en pausa, detener, ocultar

  2.3.1 Umbral de tres destellos o menos.

  2.4.1 Evitar bloques:

  2.4.2 Título de la página.

  2.4.3 Orden del foco.

  2.4.4 Propósito de los enlaces (en su contexto).

  3.1.1 Idioma de la página.

  3.2.1 Con foco.

  3.2.2 Al recibir entradas.

  3.3.1 Identificación de errores.

  3.3.2 Etiquetas o instrucciones.

  4.1.1 Procesamiento.

  4.1.2 Nombre, función, valor.

- Para conseguir pasar con el nivel de conformidad medio (**Nivel AA**), el sistema o interfaz debe cumplir con los criterios:

  1.2.4 Subtítulos (en directo).

  1.2.5 Audio-descripción (grabado).

  1.4.3 Contraste (mínimo).

  1.4.4 Cambio de tamaño del texto.

  1.4.5 Imágenes de texto

  2.4.5 Múltiples vías.

  2.4.6 Encabezados y etiquetas.

  2.4.7 Visibilidad del foco.

  3.1.2 Idioma de las partes

  3.2.3 Navegación consistente.

  3.2.4 Identificación consistente.

  3.3.3 Sugerencias ante error.

  3.3.4 Prevención de errores (Legales, financieros, de datos).

- Para conseguir pasar con el mayor nivel de conformidad (**Nivel AAA**), el sistema o interfaz debe cumplir con los criterios:

  1.2.6 Lenguaje de signos (pregrabado)

  1.2.7 Descripción de audio extendida (pregrabado)

  1.2.8 Medios Alternativos (pregrabado)

  1.2.9 Solo Audio (en vivo)

  1.4.6 Contraste (mejorado)

  1.4.7 Bajo o ningún fondo de audio

  1.4.8 Presentación Visual

  1.4.9 Las imágenes de texto (sin excepción)

  2.1.3 Teclado (sin excepción)

  2.2.3 Sin tiempo

  2.2.4 Interrupciones

  2.2.5 Re-autenticación

  2.3.2 Tres destellos

  2.4.10 Títulos de las secciones

2.4.8 Ubicación

2.4.9 Propósito de los enlaces

3.1.3 Palabras inusuales

3.1.4 Abreviaturas

3.1.5 Nivel de lectura

3.1.6 Pronunciación

3.2.5 Cambio a petición

3.3.5 Ayuda

3.3.6 Prevención de errores

7.5.3 Criterios de conformidad

A continuación se describen los criterios de la WCAG 2.0 extraídos de la web "How to Meet WCAG 2.0", propiedad de la W3.org. Los textos que, a continuación se exponen, son un resumen e interpretación de los originales, mucho más extensos, completos y actualizados. El contenido de este libro solo pretende ser una guía de iniciación para conseguir aplicar la accesibilidad web en los desarrollos o diseños.

El acrónimo **NC** se refiere al Nivel de Conformidad. El acrónimo **CC** se refiere al Criterio de Conformidad.

7.5.3.1 CONTENIDO NO TEXTUAL . CC-1.1.1

NC	Propósito
A	Hacer que la información transmitida por el contenido no textual sea accesible a través del uso de una alternativa de texto.

Más información en: *https://www.w3.org/WAI/WCAG20/quickref/#text-equiv-all*

Método para hacer cumplir esta conformidad

Si las **imágenes no** son **decorativas** se les debe asignar una descripción o texto alternativo adecuado. Por ejemplo, en vez de "logo" se debe asignar "Logo de IslaVisual". En las **imágenes decorativas** o fondos de imagen se puede establecer la cadena vacía como alternativa: alt ="".

En los formularios establecer nombres descriptivos en la propiedad **value** de los botones y asociar un **label** a cada uno de los **input** o **select** de los formularios. Si no fuera posible, establecer la propiedad **title**.

Utilizar **aria-label** para las regiones activas y etiquetas de texto no textuales (como div u otras capas internas) para que puedan ser leídos por las tecnologías asistivas.

```
<div role="region" aria-label="widget tiempo">
    ...
</div>
```

Proporcionar una breve descripción de un elemento para que pueda ser leído por las tecnologías asistivas mediante el uso del atributo **aria-labelledby**.

```
<div role="img" aria-labelledby="planeta_id">
    <img src="planeta01.png" alt="Mercurio"/>
    <img src="planeta02.png" alt="Marte"/>
    ...
</div>
<div id="planeta_id">Venus</div>
```

Proporcionar descripciones adecuadas a objetos no textuales, como fotografías o imágenes de cuadros a través de **aria-describedby**.

```
<img src="photo1.jpg" alt="Lady MacBeth" aria-describedby="p1">
<p id="p1">Esta fotografía muestra el rocío de la mañana en un ...</p>
```

Describir todos los elementos multimedia incrustados y establecer títulos adecuados en los marcos o frames.

7.5.3.2 SOLO AUDIO Y SOLO VÍDEO GRABADO. CC-1.2.1

NC	Propósito
A	Hacer que la información transmitida en las páginas a través de únicamente audio y/o vídeo pregrabado esté disponible para todos los usuarios. Un ejemplo de vídeo pre-grabado sin la interacción del usuario o información de audio es una película muda.

Más información en:

https://www.w3.org/WAI/WCAG20/quickref/#media-equiv-av-only-alt

Método para hacer cumplir esta conformidad

Si se está tratando una presentación solo de audio o de solo vídeo, la información puede presentarse en una gran variedad de formas, incluyendo las animaciones, gráficos, el entorno, acciones y expresiones de las personas, el diálogo, los sonidos (tanto naturales como artificiales), etc. Con el fin de presentar la misma información en forma accesible, esta técnica implica la creación de un documento que cuenta la misma historia y presenta la misma información que el contenido de audio solo pregrabado. En esta técnica, el documento sirve como descripción larga para el contenido e incluye todo el diálogo importante y así como descripciones de sonidos de fondo, etc. que son parte de la historia.

Este criterio de Conformidad requiere, por tanto que se establezca una alternativa a modo de título y una descripción larga que resuma el objeto del vídeo, habitualmente debajo.

Además es necesario establecer una transcripción alternativa al audio o vídeo. Para ello se puede usar el elemento TRACK de HTML5 para especificar una pista de texto con descripción de descripciones para un elemento de vídeo o audio. Las pistas de texto cronometradas de descripción de audio contienen descripciones textuales del componente de vídeo del recurso de medios, destinado a la síntesis de audio cuando el componente visual está oscurecido, no está disponible o no se puede utilizar. El agente de usuario pone las pistas a disposición del usuario de una manera no visual, por ejemplo, sintetizándolas por voz.

```
<video poster="myvideo.png" controls>
    <source src="myvideo.mp4" srclang="en" type="video/mp4">
    <source src="myvideo.webm" srclang="fr" type="video/webm">
    <track src="myvideo_en.vtt" kind="descriptions" srclang="en"
label="English">
    <track src="myvideo_fr.vtt" kind="descriptions" srclang="fr" label="French">
</video>
```

También es posible realizar esta técnica a través de SMIL, SubRip o WebVTT. Con SMIL pueden definirse regiones separadas para el vídeo y los subtítulos. Los títulos y la reproducción de vídeo se sincronizan, con el texto de la leyenda visualizado en una región de la pantalla, mientras que el video correspondiente se muestra en otra región.

7.5.3.3 SUBTÍTULOS (GRABADOS). CC-1.2.2

NC	Propósito
A	Permitir a las personas sordas o con problemas auditivos ver presentaciones multimedia de forma sincronizada a través de subtítulos, excepto cuando es un contenido multimedia alternativo al texto y se encuentra claramente identificado como tal. NOTA: Esta normativa debe ser combinada con el Criterio de Conformidad 1.2.4 Subtítulos (en directo), si procede.

Más información en:

https://www.w3.org/WAI/WCAG20/quickref/#media-equiv-captions

Método para hacer cumplir esta conformidad

Proporcionar una forma para que las personas con discapacidad visual total o parcial puedan ver el material. Con esta técnica todo el diálogo y sonidos importantes se incorporan como texto en la pista de vídeo. Como resultado, siempre son visibles y el agente de usuario no requiere ningún soporte especial para subtitular.

Una de las formas actuales para hacer cumplir esta normativa es usar el elemento TRACK de HTML5 para especificar una pista de texto con descripción de descripciones para un elemento de vídeo o audio. Las pistas de texto cronometradas de descripción de audio contienen descripciones textuales del componente de vídeo del recurso de medios, destinado a la síntesis de audio cuando el componente visual está oscurecido, no está disponible o no se puede utilizar. El agente de usuario pone las pistas a disposición del usuario de una manera no visual, por ejemplo, sintetizándolas por voz.

```
<video poster="myvideo.png" controls>
    <source src="myvideo.mp4" srclang="en" type="video/mp4">
    <source src="myvideo.webm" srclang="fr" type="video/webm">
    <track src="myvideo_en.vtt" kind="descriptions" srclang="en"
label="English">
    <track src="myvideo_fr.vtt" kind="descriptions" srclang="fr" label="French">
</video>
```

También es posible realizar esta técnica a través de SMIL. Con SMIL pueden definirse regiones separadas para el vídeo y los subtítulos. Los títulos y la reproducción de vídeo se sincronizan, con el texto de la leyenda visualizado en una región de la pantalla, mientras que el video correspondiente se muestra en otra región.

7.5.3.4 AUDIO-DESCRIPCIÓN O MEDIO ALTERNATIVO (GRABADO). CC-1.2.3

NC	Propósito
A	Proporcionar una alternativa para los medios basados en tiempo o una audiodescripción del contenido sincronizada con el vídeo, excepto cuando ese contenido multimedia sea alternativo al texto y está claramente identificado como tal.

Más información en:

https://www.w3.org/WAI/WCAG20/quickref/#media-equiv-audio-desc

Método para hacer cumplir esta conformidad

El propósito de esta técnica es proporcionar una alternativa a la descripción de audio para medios sincronizados que no tienen información importante basada en el tiempo dentro de la porción de vídeo. Esto se aplica especialmente a los videos con "Enfoque en la cabeza" donde una persona está hablando frente a un fondo inmutable, como una conferencia de prensa, un discurso del presidente de la compañía, etc. No hay "detalles visuales importantes" que justifiquen la descripción de audio.

Se puede proporcionar un enlace al documento recopilado de subtítulos y descripción de audio, que puede estar en otra ubicación en la misma página Web u otra URL. Si el documento recopilado está en la misma página Web que otro contenido, a continuación, se debe poner "Fin del documento" al final para que sepan cuándo dejar de leer y volver a su lugar anterior. Si un botón Atrás no llevará a la persona de nuevo al punto desde el que saltaron, entonces se debe proporcionar un enlace a la ubicación del contenido que no es de texto.

```
<a name="startrek-film"></a>
<p><a href="http://www.example.com/movies/startrek-film.mov">Star Trek La
Película</a>,
    <a href="http://www.example.com/transcripts/startrek_transcript.htm">
        Star Trek Transcripción intercalada
    </a>
</p>
```

O se puede proporcionar una alternativa de texto para contenido generado utilizando el elemento de objeto. El cuerpo del elemento de objeto se puede usar para proporcionar una alternativa de texto completa para el objeto, o puede contener contenido adicional sin texto con alternativas de texto.

```
<object classid="http://www.example.com/animatedlogo.py">
    <img src="islavisual-logo.gif" alt="logo de Islavisual" />
</object>
<object data="islavisual-logo.gif" type="image/gif">
    <p>Islavisual</p>
</object>
```

También es posible realizar esta técnica a través de SMIL y HTML5, como se describe en puntos anteriores. Con SMIL pueden definirse regiones separadas para el vídeo y los subtítulos. Los títulos y la reproducción de vídeo se sincronizan, con el texto de la leyenda visualizado en una región de la pantalla, mientras que el video correspondiente se muestra en otra región.

7.5.3.5 SUBTÍTULOS (EN DIRECTO). CC-1.2.4

NC	Propósito
AA	Permitir a las personas con discapacidad auditiva ver en tiempo real las presentaciones a través de subtítulos que describan todo lo que sucede, incluyendo efectos de sonido.

Más información en:

https://www.w3.org/WAI/WCAG20/quickref/#media-equiv-real-time-captions

Método para hacer cumplir esta conformidad

Proporcionar una forma para que las personas con discapacidad visual total o parcial puedan ver el material. Con esta técnica todo el diálogo y sonidos importantes se incorporan como texto en la pista de vídeo. Como resultado, siempre son visibles y el agente de usuario no requiere ningún soporte especial para subtitular.

Una de las formas actuales para hacer cumplir esta normativa es usar el elemento TRACK de HTML5 para especificar una pista de texto con descripción de descripciones para un elemento de vídeo o audio. Las pistas de texto cronometradas de descripción de audio contienen descripciones textuales del componente de vídeo del recurso de medios, destinado a la síntesis de audio cuando el componente visual está oscurecido, no está disponible o no se puede utilizar. El agente de usuario pone las pistas a disposición del usuario de una manera no visual, por ejemplo, sintetizándolas por voz.

```
<video poster="myvideo.png" controls>
    <source src="myvideo.mp4" srclang="en" type="video/mp4">
    <source src="myvideo.webm" srclang="fr" type="video/webm">
    <track src="myvideo_en.vtt" kind="descriptions" srclang="en"
label="English">
    <track src="myvideo_fr.vtt" kind="descriptions" srclang="fr" label="French">
</video>
```

También es posible realizar esta técnica a través de SMIL. Con SMIL pueden definirse regiones separadas para el vídeo y los subtítulos. Los títulos y la reproducción de vídeo se sincronizan, con el texto de la leyenda visualizado en una región de la pantalla, mientras que el video correspondiente se muestra en otra región.

7.5.3.6 AUDIO-DESCRIPCIÓN (GRABADO). CC-1.2.5

NC	Propósito
AA	Proporcionar acceso a las personas con deficiencia visual o invidencia la información visual de una presentación multimedia de forma sincronizada.

Más información en:
https://www.w3.org/WAI/WCAG20/quickref/#media-equiv-audio-desc-only

Método para hacer cumplir esta conformidad

Proporcionar una segunda pista de audio que incluya descripciones de audio en formato SMIL y que pueda ser seleccionable por el usuario.

Utilizar texto estático alternativo para describir el video.

Se pueden utilizar los medios del Criterio de Conformidad 1.2.3.

7.5.3.7 LENGUAJE DE SIGNOS (PREGRABADO). CC-1.2.6

NC	Propósito
AAA	Permitir a las personas sordas o con discapacidad auditiva y que tienen fluidez con el lenguaje de signos entender el contenido de la pista de audio en presentaciones multimedia.

Más información en:
https://www.w3.org/WAI/WCAG20/quickref/#media-equiv-sign

Método para hacer cumplir esta conformidad

Permitir que los usuarios que no puedan oír o leer textos rápidamente puedan acceder al material multimedia sincronizado. Para ello, una forma universal de hacer esto es simplemente incrustar un video con el intérprete de lenguaje de signos en el flujo de video. Esto tiene la desventaja de proporcionar una imagen de menor resolución que no se puede agrandar fácilmente sin ampliar la imagen completa.

Otra forma de lograr esto es proporcionar la interpretación de lenguaje de signos como una secuencia de vídeo independiente que se sincroniza con la secuencia de vídeo original. Dependiendo del reproductor, este flujo de vídeo secundario puede superponerse en la parte superior del vídeo original o mostrarse en una ventana independiente. También puede ser posible ampliar el intérprete de lenguaje de señas por separado del video original para facilitar la lectura de los movimientos de la mano, el cuerpo y el rostro del firmante.

Esta técnica habitualmente se suele desarrollar a través de SMIL ya que permite definir regiones separadas y realizar sincronizaciones entre el vídeo original y el vídeo del firmante.

7.5.3.8 DESCRIPCIÓN DE AUDIO EXTENDIDA (PREGRABADO). CC-1.2.7

NC	Propósito
AAA	Provisionar a las personas con deficiencia visual o ciegas de una presentación multimedia sincronizada más detallada que lo que podría ser proporcionado por la descripción de audio estándar.

Más información en:

https://www.w3.org/WAI/WCAG20/quickref/#media-equiv-extended-ad

Método para hacer cumplir esta conformidad

Permitir que haya más descripción de audio que se ajuste a los silencios del diálogo del material audiovisual. Dicho de otro modo, se debe proporcionar un archivo de audio con descripción extendida para todo contenido de vídeo. Esto implicará que el video tenga varias pausas o paradas para que el audio descripción se pueda reproducir.

Con SMIL no hay una manera fácil de hacer esto, pero se pueden dividir los archivos de audio y vídeo en una serie de archivos que se reproduzcan secuencialmente. Se reproduce una descripción de audio adicional mientras el programa audiovisual está congelado. El último fotograma del archivo de vídeo se congela para que permanezca en pantalla mientras se reproduce el archivo de audio.

El efecto es que el video parece reproducirse de extremo a extremo pero se para en lugares mientras se proporciona una descripción de audio más larga. A continuación, continúa automáticamente cuando se completa la descripción de audio.

Para activar y desactivar la descripción de audio ampliada, se podría utilizar una secuencia de comandos para alternar entre dos secuencias de comandos SMIL, una con y otra sin las líneas de descripción de audio ampliadas. O la escritura se podría utilizar para agregar o para quitar las líneas extendidas de la descripción audio del archivo de SMIL de modo que los clips de la película jugarían apenas secuencialmente.

Si las secuencias de comandos no están disponibles, se pueden proporcionar dos versiones del video, una con y una sin descripciones ampliadas de audio.

También suele combinarse esta técnica con los métodos a través de SMIL y HTML5, como se describe en puntos anteriores.

7.5.3.9 MEDIOS ALTERNATIVOS (PREGRABADO). CC-1.2.8

NC	Propósito
AAA	Conseguir material audiovisual disponible para personas cuya visión es demasiado pobre para leer de forma fiable los subtítulos y cuya audición es demasiado pobre para escuchar de forma fiable el diálogo y la descripción de audio.

Más información en:

https://www.w3.org/WAI/WCAG20/quickref/#media-equiv-text-doc

Método para hacer cumplir esta conformidad

Se puede proporcionar un enlace al documento recopilado de subtítulos y descripción de audio. El documento recopilado podría estar en otra ubicación en la misma página Web o en otro URI. Un enlace al documento agrupado es inmediatamente adyacente al contenido no textual. El enlace puede estar inmediatamente antes o después del contenido de los medios sincronizados. Si el documento está en la misma página Web que otro contenido, a continuación, poner “Fin del documento” al final para que sepan cuándo dejar de leer y volver a su lugar anterior. Si el botón Atrás no llevará a la persona de nuevo al punto desde el que saltaron, entonces se proporciona un enlace a la ubicación del contenido que no es de texto.

```
<a name="Olympic_Wrestling"></a>
<p>
    <a href="http://www.example.com/films/star-trek.mov">
        Star Trek La película
    </a>,
    <a href="http://www.example.com/transcripts/star-trek_transcript.htm">
        Star Trek La película (Transcripción)
    </a>
</p>
```

Se puede proporcionar una alternativa de texto para contenido generado utilizando el elemento OBJECT. El cuerpo del elemento OBJECT se puede usar para proporcionar una alternativa de texto completa para el objeto, o puede contener contenido adicional sin texto con alternativas de texto.

El contenido de “fallback” para el elemento OBJECT solo estará disponible para el usuario cuando el archivo multimedia solicitado no esté disponible para el agente de usuario, sea porque no admite la tecnología de medios o sea porque el usuario ha configurado al agente de usuario para que no procese esa tecnología. En estas situaciones, el contenido de “fallback” se presentará al usuario. Si los archivos multimedia se representasen sin el contenido de “fallback”, es obligatorio que estos archivos sean directamente accesibles.

```
<object classid="http://www.example.com/analog-clock.py">
    <p>Texto que describe el objeto y su funcionalidad.</p>
</object>
```

7.5.3.10 SOLO AUDIO (EN VIVO). CC-1.2.9

NC	Propósito
AAA	Hacer que la información transmitida por el audio en directo, tales como videoconferencia, discursos en directo de radio y transmisiones por Internet, sea accesible a través del uso de una alternativa de texto.

Más información en:
https://www.w3.org/WAI/WCAG20/quickref/#media-equiv-live-audio-only

Método para hacer cumplir esta conformidad

Proporcionar una transcripción o una secuencia de comandos si el contenido de audio en directo sigue un guion predefinido. Debido a que está preparado de antemano, el guion puede ser más preciso y completo que la transcripción en vivo. Sin embargo, la secuencia de comandos no se sincronizará con el audio cuando se reproduzca. La transcripción o secuencia de comandos debe ajustarse a WCAG 2.0 y podría ser incluido en otra ubicación en la misma página Web o en otro URI.

Se puede utilizar un servicio de subtítulos en tiempo real para proporcionar una versión de texto en directo. Estos servicios utilizan un operador humano entrenado que transcribe el contenido en el menor tiempo posible. Son capaces de capturar un evento en vivo con un alto grado de fidelidad, y también de insertar notas en cualquier audio no hablado que es esencial para comprender el evento. La ventana que contiene el texto de la leyenda debe estar disponible en la misma página Web que el contenido de audio en directo.

Se puede permitir que los usuarios que no puedan oír puedan acceder a emisiones de audio en tiempo real. Es más difícil crear alternativas precisas en tiempo real porque hay poco tiempo para corregir los errores, escuchar una segunda vez o consultar a alguien para asegurarse de que las palabras se reproducen con precisión. También es más difícil simplificar o parafrasear la información si está si el contenido es demasiado denso.

Existen técnicas de escritura de texto en tiempo real usando tecnologías de tipografía rápidas y estenográficas. Hoy en día es frecuente utilizar la tecnología de Speech-To-Text (donde una persona escucha la voz y luego cuidadosamente se transcribe a texto) para servicios de retransmisión telefónica y puede que en el futuro sea utilizada también para subtitular.

7.5.3.11 INFORMACIÓN Y RELACIONES. CC-1.3.1

NC	Propósito
A	Asegurar que la información y las relaciones que están implícitas en formato visual o auditivo se conservan cuando cambia el formato de presentación. Por ejemplo, el formato cambia en función de si es un lector de pantalla o la CSS original de la web.

Más información en:
https://www.w3.org/WAI/WCAG20/quickref/#content-structure-separation

Método para hacer cumplir esta conformidad

Se puede crear la estructura del contenido web utilizando los elementos semánticos adecuados. En otras palabras, los elementos se utilizan según su significado, no por la forma en que aparecen visualmente.

En HTML, por ejemplo, los elementos de nivel de frase tales como EM, ABBR y CITE agregan información semántica dentro de oraciones, marcando texto para énfasis e identificando abreviaturas y citas, respectivamente. Si se utiliza HTML 5, es muy interesante utilizar esta metodología ya que proporciona un gran valor semántico al contenido.

Se deben utilizar tablas para marcar datos tabulados. Los IDs de las celdas de datos se deben asociar con los encabezados dónde sea necesario a través de la etiqueta HEADERS. Se debe proveer de títulos a las tablas a través CAPTION y descripciones a través de la propiedad SUMMARY.

Asociar etiquetas LABEL con sus campos correspondientes INPUT dentro de los formularios y agrupar los elementos de los formularios que estén relacionados mediante las etiquetas FIELDSET y LEGEND.

Se puede utilizar atributos ARIA-LABEL que indiquen las opciones de las regiones o áreas activas que no tengan una etiqueta de texto visible. Por ejemplo, si se define un botón de cerrado se debe establecer una aria-label=”close”, si es una opción de menú de tipo icono se debe establecer una aria-label=”menuitem”,...

También se puede utilizar ROLE=”HEADING” para el uso de encabezados y ARIA-LABELLEDBY para nombrar regiones, puntos de referencia o controles de interfaz de usuario.

7.5.3.12 SECUENCIA SIGNIFICATIVA. CC-1.3.2

NC	Propósito
A	Permitir que un agente de usuario (lector de pantalla, navegador,...) proporcione una presentación alternativa de los contenidos, preservando el orden de lectura necesaria para entender el significado.

Más información en:
https://www.w3.org/WAI/WCAG20/quickref/#content-structure-separation-sequence

Método para hacer cumplir esta conformidad

Asegurar que el orden de contenido presentado a las tecnologías de asistencia permita al usuario dar sentido al contenido. Dicho de otro modo, cuando la secuencia en la que se presenta un contenido afecta a su significado, este deberá ser presentado en un orden lógico e intuitivo. La secuencia de navegación y lectura correcta puede ser determinada por el orden del código fuente. Por ejemplo, en una relación de título, imagen y descripción se debería generar una secuencia significativa como la siguiente:

```
<div id="description">
    <h2>Título</h2>
    <p><img src="img.png" alt="Descripción corta" longdesc="Descripción
detallada" /></p>
    <p>Descripción detallada de la imagen</p>
</div>
```

El uso de TABINDEX debe ser lógico según la dirección de lectura del usuario.

Se pueden utilizar marcas Unicode de izquierda a derecha o de derecha a izquierda para anular el algoritmo bidireccional HTML cuando produce resultados no deseados. También es posible hacer esto a través del atributo DIR de HTML. Esto puede ser necesario, por ejemplo, cuando se colocan caracteres neutros como espacios o signos de puntuación entre diferentes secuencias de texto direccional.

<p>"<span lang="he" dir="rtl">מואניבה תוליעפ, W3C</span>" significa "Actividad de internacionalización" en Hebreo.</p>

Las marcas Unicode de derecha a izquierda y de izquierda a derecha se pueden introducir directamente o por medio de entidades de caracteres o referencias de caracteres numéricos, como &LRM; o ‎ (U+200E) para marcar de izquierda a derecha y &RLM; o ‏ (U+200F) para marcar de derecha a izquierda.

También se puede mejorar el aspecto visual a través de hojas de estilo mientras se mantenga la presentación significativa cuando no se aplican hojas de estilo. Se pueden utilizar las propiedades de posicionamiento, LETTER-SPACING, MARGIN, FLOAT… de CSS, pero siempre sin perder la secuencia significativa.

7.5.3.13 CARACTERÍSTICAS SENSORIALES. CC-1.3.3

NC	Propósito
A	Asegurar que todos los usuarios tienen las instrucciones necesarias para usar el contenido, incluso cuando no pueden percibir la forma, el tamaño, localización espacial o la orientación.

Más información en:
https://www.w3.org/WAI/WCAG20/quickref/#content-structure-separation-understanding

Método para hacer cumplir esta conformidad

Asegurar que los elementos dentro de una página Web estén referenciados en el contenido no solo por su forma, tamaño, sonido o ubicación, sino también de otras formas que no dependen de esa percepción sensorial.

Por ejemplo, en un formulario, abajo a la derecha, se podría poner un botón redondo con un texto alternativo o título que dijese:

Para enviar el formulario presiona el botón redondo etiquetado como "Enviar"

Si se utilizan fuentes vectoriales de deben establecer las propiedades ALT y TITLE siempre que proceda.

```
<img id="foto01"
     src="redArrow.gif"
     alt="icono de avanzar"
     tabindex="7"
     title="Presiona o selecciona la opción Avanzar (icono en forma de
flecha roja)" />
```

7.5.3.14 USO DEL COLOR. CC-1.4.1

NC	Propósito
A	Asegurar que todos los usuarios puedan acceder a la información que se transmite en función de las diferencias de color, es decir, que cada color tenga un significado asignado al mismo, incluyendo acciones y formas asociadas.

Más información en:
https://www.w3.org/WAI/WCAG20/quickref/#visual-audio-contrast-without-color

Método para hacer cumplir esta conformidad

Asegurar que cuando se usan las diferencias de color para transmitir información como campos de formulario requeridos, la información transmitida por las diferencias de color también se transmitan de forma explícita en texto.

7.5.3.14.1 Campos de un formulario

Cuando se utilizan campos requeridos, además de marcarlos en un color, habitualmente rojo, se debe incorporar un texto explicativo como "Campo obligatorio" al lado o debajo. También se recomienda establecer en la parte superior del formulario una explicación que se corresponda como "Los campos obligatorios están marcados con rojo y con un icono cuyo texto alternativo dice "Requerido"".

A los campos que contienen errores se les puede asignar un icono identificativo, textos complementarios o alternativos, bordes y sombras,...

Los botones deben estar asociados por color y acción. Por ejemplo, que el botón enviar siempre sea azul.

7.5.3.14.2 Indicar una acción

Las acciones deben estar contextualizadas. Una acción que muestra "Haga clic en el botón verde" no es significativa, debería cambiarse por otra como "Haga clic en la opción Avanzar".

7.5.3.14.3 Distinguir vínculos

Los enlaces deben distinguirse del resto de elementos y texto que los rodean. Para ello hay que establecer formas añadidas de distinguirlos como por ejemplo subrayarlos.

7.5.3.15 CONTROL DEL AUDIO. CC-1.4.2

NC	Propósito
A	Proporcionar un mecanismo para pausar, detener o controlar el volumen del sonido del audio de manera independiente al dispositivo o sistema, si el audio de una página web suena automáticamente más de 3 segundos.

Más información en:
https://www.w3.org/WAI/WCAG20/quickref/#visual-audio-contrast-dis-audio

Entendimiento

Para cada audio que reproduzca durante más de 3 segundos, los usuarios deben ser capaces de hacer una pausa o detener el audio, o cambiar el volumen del audio. Su propósito es asegurar que los usuarios ciegos pueden escuchar a los lectores de pantalla hablar en voz alta. El texto hablado no se debe ser interrumpido por un clip de audio.

Método para hacer cumplir esta conformidad

Permitir que un usuario apague los sonidos que se inician automáticamente cuando una página se carga. El control para desactivar los sonidos debe estar ubicado cerca de la cabecera de la página para permitir que el control sea fácil y rápido de localizar por los usuarios. Esto es útil para aquellos que utilizan tecnologías de ayuda (como lectores de pantalla, magnificadores de pantalla, mecanismos de conmutación, etc.) y aquellos que no pueden (como aquellos con discapacidades cognitivas, de aprendizaje y de lenguaje).

En esta técnica, el desarrollador debe incluir un control que haga posible que los usuarios desactiven cualquier sonido que se reproduzca automáticamente. El control debe ser operable del teclado, debe poder tomar el foco a través del tabulador en el orden de lectura, y estar claramente etiquetado para indicar que apagará los sonidos que están reproduciendo.

7.5.3.16 CONTRASTE MÍNIMO. CC-1.4.3

NC	Propósito
AA	Proporcionar suficiente contraste entre el texto y el fondo para que pueda ser leído por personas con visión moderadamente baja (que no utilizan la tecnología de asistencia de mejora del contraste).

Más información en:
https://www.w3.org/WAI/WCAG20/quickref/#visual-audio-contrast-contrast

Método para hacer cumplir esta conformidad

Asegurarse de que los usuarios pueden leer el texto que se presenta sobre un fondo. Para este Criterio de Conformidad, se exige que la relación de contraste mínimo para texto sea menor de 18 puntos (si no está en negrita) y menos de 14 puntos (si está en negrita).

Para pasar este Criterio de Conformidad se debe establecer una luminancia relativa de 4,5: 1 con respecto al fondo. Para comprobar esta medida se pueden utilizar herramientas web que calculan la relación de luminancia a partir de unos colores proporcionados.

Existen varias páginas web en las que se puede comprobar el valor de luminancia relativa eligiendo el método de contraste e introduciendo los valores del color del texto y fondo.

7.5.3.17 CAMBIO DE TAMAÑO DEL TEXTO. CC-1.4.4

NC	Propósito
AA	Proporcionar un método de escalado para el texto sin que sea necesario el uso de tecnología de asistencia, tales como un amplificador de pantalla. Normalmente esto se garantiza utilizando medidas relativas para las fuentes de texto.

Más información en:
https://www.w3.org/WAI/WCAG20/quickref/#visual-audio-contrast-scale

Método para hacer cumplir esta conformidad

En este Criterio de Conformidad es importante destacar que el tamaño y posición de los elementos deben escalar de forma adecuada y se deben presentar los contenidos evitando las barras de desplazamiento horizontales e intentando aprovechar las tecnologías líquidas y Responsive.

Asegurar que el contenido se puede escalar uniformemente mediante el uso de una tecnología Web soportada por agentes de usuario que cambian el tamaño del texto mediante una herramienta Zoom.

El contenido creado en tecnologías compatibles con agentes de usuario, en este caso los navegadores, que pueden escalar contenido de forma uniforme (es decir, ampliar el contenido) cumple este Criterio de Conformidad. Debido a que esta técnica depende completamente de la funcionalidad del agente de usuario, es fundamental probar con una amplia variedad de agentes de usuario. Por ejemplo, Internet Explorer 7 y Opera 9 proporcionan una función de zoom que escala el contenido de la página HTML / CSS uniformemente.

También es posible definir la lógica de conmutación de estilo las hojas de estilo. En este caso, la intención es utilizar propiedades CSS para cambiar el tamaño de fuente de los elementos textuales. La propiedad de CCS que hace esto es FONTSIZE. Bajo este método es posible especificar el tamaño de fuente proporcionalmente para que los agentes de usuario puedan escalar el contenido de forma eficaz. Si se especifica un tamaño de fuente para el elemento del BODY, todos los demás elementos heredarán ese valor, a menos que sea reemplazado por otro selector más específico. También es posible es especificar un tamaño de fuente con nombre que exprese el tamaño de fuente relativo deseado o especificar el tamaño de fuente en unidades EM para que los navegadores o agentes de usuario puedan escalar el contenido de forma eficaz.

```
/* Debe ser posible aumentar el tamaño hasta un 200% */
strong { font-size: 120%; }
strong { font-size: larger; }
strong { font-size: 1.6em; }
```

Las medidas absolutas como los píxeles, por norma no deben utilizarse.

También es posible apoyarse en HTML, CSS y JavaScript para dotar a la página de botones que incrementen o disminuyan el tamaño de fuente al gusto del usuario.

7.5.3.18 IMÁGENES DE TEXTO. CC-1.4.5

NC	Propósito
AA	Animar a los desarrolladores a que utilicen fuentes de iconos vectoriales u otras tecnologías capaces de lograr su presentación visual deseada para conseguir que los usuarios puedan ajustarlo a sus necesidades.

Más información en:
https://www.w3.org/WAI/WCAG20/quickref/#visual-audio-contrast-text-presentation

Método para hacer cumplir esta conformidad

Se puede utilizar CSS para reemplazar el texto HTML estructurado con imágenes de texto de manera que los usuarios puedan ver el contenido de acuerdo con sus preferencias. Para utilizar esta técnica, el desarrollador comienza por crear una página HTML que utiliza elementos semánticos para marcar la estructura de la página. El desarrollador entonces diseña dos o más hojas de estilo para esa página. Una hoja de estilo presenta el texto HTML como texto y la segunda utiliza funciones CSS para reemplazar parte del texto HTML con imágenes de texto. Finalmente, a través del uso de secuencias de comandos del lado del servidor o del cliente, el autor o desarrollador proporciona un control que permite al usuario cambiar entre las vistas disponibles.

7.5.3.18.1 Imágenes Tipo Texto

Si una página web presenta imágenes como si de texto se tratase, se deben añadir controles para ajustar el color de texto, color de fondo y tamaño del texto. Además se recomienda también añadir controles de audio para reproducir el contenido de manera audible.

7.5.3.18.2 Imágenes Captcha

Los códigos Captcha, en la mayoría de las ocasiones, son texto incrustado en una imagen. En este caso, para que este componente se vuelva accesible, lo más frecuente es recurrir a transformarlo en operaciones matemáticas o acciones no evidentes ni mecánicas como pulsar un botón de un determinado color en una zona determinada de la pantalla.

Usar CSS para reemplazar las imágenes de texto por texto con formato

Si la imagen es un mensaje de "bienvenida", podemos cambiar la imagen por un texto con diferentes propiedades. Por ejemplo:

```
{ font-size:1.5em; font-weight:bold; color:red; font-style:italic; text
decoration:underline; }
```

Aquí también es frecuente utilizar porcentajes, nombres o unidades EM para los tamaños de fuente y LETTER-SPACING para controlar el espaciado dentro de una palabra.

7.5.3.19 CONTRASTE (MEJORADO). CC-1.4.6

NC	Propósito
AAA	Proporcionar suficiente contraste entre el texto y el fondo para que pueda ser leído por personas con visión moderadamente baja (que no utilizan la tecnología de asistencia de mejora del contraste).

Más información en:

https://www.w3.org/WAI/WCAG20/quickref/#visual-audio-contrast7

Método para hacer cumplir esta conformidad

Algunas personas con discapacidad visual configuran su agente de usuario para anular ciertos colores con los que tienen problemas para identificar. Esta técnica ayudará a evitar una situación en la que el agente de usuario y el sitio web entran en conflicto entre sí sobre los colores de primer plano y / o de fondo dando como resultado el mismo color para el texto y el fondo, lo que lo hace invisible para el usuario que establece sus propios colores en su Navegador o Tecnología Asistiva.

Asegurarse de que los usuarios pueden leer el texto que se presenta sobre un fondo. Este Criterio de Conformidad, aunque parecido, es más estricto que el Criterio de Conformidad 1.4.3 Contraste (mínimo) porque exige una relación de contraste de 7: 1.

Otro método consiste en proporcionar un halo alrededor del texto que proporcione la relación de contraste necesaria si la imagen de fondo o el color no serían normalmente suficientemente diferentes en luminancia relativa.

Otro método es incorporar opciones de color de alto contraste en las interfaces de usuario, que permitan cambiar los estilos de los elementos de la página Web. Habitualmente se suele añadir un botón en la parte superior derecha de la pantalla indicándolo con el símbolo universal de alto contraste o descrito en modo textual.

7.5.3.20 BAJO O NINGÚN FONDO DE AUDIO. CC-1.4.7

NC	Propósito
AAA	Asegurar que los sonidos no vocales son tan bajos que un usuario con fuertes problemas de audición pueda separar el discurso de los sonidos de fondo o de otra locución ruido.

Más información en:

https://www.w3.org/WAI/WCAG20/quickref/#visual-audio-contrast-noaudio

Método para hacer cumplir esta conformidad

Permitir que los desarrolladores incluyan sonido de fondo sin que sea demasiado difícil para las personas con problemas auditivos entender el habla. Una forma de asegurar que el discurso en primer plano es entendible para los usuarios es comprobar que, el discurso, está 20 dB más alto que el sonido de fondo, o lo que suele ser equivalente a estar 4 veces más fuerte que el sonido de fondo.

Para comprobar estos valores se pueden utilizar herramientas como Audacity, Sound Forge, WavePad...

7.5.3.21 PRESENTACIÓN VISUAL. CC-1.4.8

NC	Propósito
AAA	Garantizar que la renderización visual de texto se presente de una manera tal que pueda ser percibido sin que el formato pueda interferir con su legibilidad.

Más información en:

https://www.w3.org/WAI/WCAG20/quickref/#visual-audio-contrast-visual-presentation

Método para hacer cumplir esta conformidad

Especificar un diseño usando CSS dejando que el texto y los colores de fondo sean renderizados por el navegador del usuario y / o la configuración del sistema operativo. Esto permite a los usuarios ver el texto en los colores que necesitan mientras se mantiene el aspecto del diseño original. También evita problemas de visualización en algunos navegadores cuando las páginas contienen cuadros emergentes que utilizan JavaScript o menús desplegables.

Por ejemplo, en lo que se refiere a bloques de texto, la de longitud de las líneas no debe ser mayor a 80 caracteres de ancho, no estar justificados, deben tener un interlineado de, al menos, la mitad de la altura del texto y un espacio entre párrafos de 1,5 veces la medida del interlineado.

Este método ayuda a las personas con discapacidad cognitiva y/o visual.

7.5.3.22 LAS IMÁGENES DE TEXTO (SIN EXCEPCIÓN). CC-1.4.9

NC	Propósito
AAA	Permitir a las personas que requieren que el texto se presente de una forma concreta, como que el texto sea de determinado tamaño, colores, tipo de fuente, el interlineado o alineación.

Más información en:

https://www.w3.org/WAI/WCAG20/quickref/#visual-audio-contrast-text-images

Método para hacer cumplir esta conformidad

Facilitar la interacción de la tecnología de asistencia con el contenido mediante la separación lógica de la estructura del contenido y de la presentación. La estructura del contenido hace referencia a los elementos tales como encabezados, párrafos, listas, tablas, etc., y se suele realizar a través de HTML o HTML5. Por el contrario, la presentación se refiere al formato, como es la tipografía, el color, el tamaño, la posición, los bordes, etc., que normalmente viene definida a través de CSS o CSS3.

Con respecto al Criterio de Conformidad 1.4.5 Imágenes de texto, el Criterio de Conformidad 1.4.9 Las imágenes de texto (sin excepción), es mucho más restrictivo ya que únicamente permite imágenes estas son de uso exclusivo decorativo o no se puedan presentar de otra forma, como es un logotipo.

7.5.3.23 TECLADO. CC-2.1.1

NC	Propósito
A	Asegurar que, siempre que sea posible, el contenido pueda ser operado a través del teclado o una interfaz de teclado. Esto va indicado en aquellos casos en que los usuarios tienen visión deficiente o tienen incapacidad visual.

Más información en:

https://www.w3.org/WAI/WCAG20/quickref/#keyboard-operation-keyboard-operable

Método para hacer cumplir esta conformidad

Proporcionar el funcionamiento del teclado para toda la funcionalidad de la página para que pueda ser controlada por aquellas personas que poseen una discapacidad visual total o tienen que utilizar dispositivos de entrada que actúan como interfaz de teclado.

Una interfaz de teclado permite a los usuarios proporcionar entrada de pulsación de teclas a los programas, incluso si el dispositivo informático que están utilizando no contiene un teclado de hardware.

Dicho de otra forma, toda funcionalidad del contenido de la página debe ser accesible mediante teclado y de forma independiente del tiempo, salvo aquellas que no puedan ser replicadas como, por ejemplo, un dibujo a mano alzada. Esto no quiere decir que no se pueda utilizar el ratón para acceder a las funcionalidades.

Si se utilizan atajos de teclado no deben entrar en conflicto con las del navegador y/o el lector de pantalla.

7.5.3.24 SIN TRAMPAS PARA EL FOCO DEL TECLADO. CC-2.1.2

NC	Propósito
A	Asegurar que los contenidos no se vuelvan una "trampa" de teclado en las subsecciones del contenido de una página Web. Este es un problema común cuando se hace uso de plugins o aplicaciones embebidas dentro de la página web.

Más información en:
https://www.w3.org/WAI/WCAG20/quickref/#keyboard-operation-trapping

Método para hacer cumplir esta conformidad

Asegurar que los usuarios que usan el teclado no se queden atrapados en una zona de la página en la que solo se puede salir con un dispositivo señalador, como es un ratón. Para realizar este método, lo habitual es, establecer los atajos de teclado a través de ACCESSKEY en los elementos que pueden tomar el foco y establecerles un orden a través de TABINDEX.

En los casos en los que no se pueda utilizar este método moverse debe estar indicado explícitamente.

7.5.3.25 TECLADO (SIN EXCEPCIÓN). CC-2.1.3

NC	Propósito
AAA	El propósito de este Criterio de Conformidad es asegurar que todo el contenido es operable desde el teclado. Este es el mismo que el Criterio de Conformidad 2.1.1, salvo por que no hay excepciones permitidas.

Más información en:
https://www.w3.org/WAI/WCAG20/quickref/#keyboard-operation-all-funcs

Método para hacer cumplir esta conformidad

Proporcionar el funcionamiento del teclado para toda la funcionalidad de la página para que pueda ser controlada por aquellas personas que poseen una discapacidad visual total o tienen que utilizar dispositivos de entrada que actúan como interfaz de teclado.

Una interfaz de teclado permite a los usuarios proporcionar entrada de pulsación de teclas a los programas, incluso si el dispositivo informático que están utilizando no contiene un teclado de hardware.

Dicho de otra forma, toda funcionalidad del contenido de la página debe ser accesible mediante teclado y de forma independiente del tiempo, salvo aquellas que no puedan ser replicadas como, por ejemplo, un dibujo a mano alzada. Esto no quiere decir que no se pueda utilizar el ratón para acceder a las funcionalidades.

Si se utilizan atajos de teclado no deben entrar en conflicto con las del navegador y/o el lector de pantalla.

La única diferencia con el Criterio de Conformidad 2.1.1 es que toda la funcionalidad del contenido debe ser alcanzable a través de una interfaz de teclado sin requerir tiempos específicos para pulsaciones de tecla individuales.

7.5.3.26 TIEMPO AJUSTABLE. CC-2.2.1

NC	Propósito
A	Asegurar que los usuarios con discapacidad dispongan de tiempo suficiente para interactuar con el contenido web siempre que sea posible. Este criterio va dedicado a las personas que necesitan tiempo para leer el contenido o realizar determinadas acciones.

Más información en:

https://www.w3.org/WAI/WCAG20/quickref/#time-limits-required-behaviors

Método para hacer cumplir esta conformidad

Si la página Web tiene un límite de tiempo para completar las tareas se debe proporcionar una forma para que los usuarios puedan detener el contenido en movimiento. El contenido animado puede ser difícil o imposible de leer por usuarios con baja visión o con discapacidades cognitivas. El movimiento también puede ser una distracción para algunas personas lo que hace difícil para ellos concentrarse en otras partes de la página web.

Minimizar el riesgo de que los usuarios con discapacidad pierdan su trabajo proporcionando una casilla de verificación para solicitar tiempo adicional que les permita completar los formularios o acciones complejas. También tiene validez para las sesiones de las interfaces. Si una sesión es corta, pueden perder mucho trabajo o información. La casilla de verificación puede permitir al usuario solicitar una cantidad específica de tiempo adicional (por ejemplo, 15 minutos) o una extensión indefinida, aunque esta última puede ser algo inapropiado ya que se puede poner en peligro la privacidad del usuario o la seguridad de la red.

Por tanto, al usuario se le debe permitir realizar al menos una de las siguientes tareas:

- **Desactivar**: Al usuario se le permite desactivar el límite de tiempo antes de encontrarse con él.
- **Ajustar**: Al usuario se le permite ajustar el límite de tiempo antes de encontrarse con él, hasta un rango de, al menos, diez veces la duración por defecto.
- **Extender**: Al usuario se le avisa con un margen, de al menos 20 segundos, antes de que el tiempo expire y se le debe permitir poder extender ese tiempo límite por medio de alguna acción simple (por ejemplo, "pulse la barra espaciadora"). Además se le debe permitir repetir la acción, al menos, diez veces.

También hay excepciones, claro, cuando la tarea tiene como requisito un límite de tiempo, por ejemplo una subasta en línea o un examen.

7.5.3.27 PONER EN PAUSA, DETENER, OCULTAR. CC-2.2.2

NC	Propósito
A	Evitar distracciones a los usuarios durante su interacción con una página Web en lo que a movimientos, parpadeos o desplazamientos se refiere. Ejemplos de ello son cotizaciones en bolsa, videos, juegos en tiempo real, animaciones,...

Más información en:
https://www.w3.org/WAI/WCAG20/quickref/#time-limits-pause

Método para hacer cumplir esta conformidad

7.5.3.27.1 Movimiento, parpadeo, desplazamiento

Para toda información que se mueve, parpadea o se desplaza, que comience automáticamente, dure más de cinco segundos y se presente en paralelo con otro contenido se debe proporcionar un mecanismo para que el usuario la pueda poner en pausa, detener u ocultar, a menos que el movimiento, parpadeo o desplazamiento sea parte esencial de una actividad.

7.5.3.27.2 Actualización automática

Para toda información que se actualiza automáticamente y se presenta en paralelo con otro contenido se debe proporcionar un mecanismo para que el usuario la pueda poner en pausa, detener u ocultar, o controlar la frecuencia de actualización a menos que la actualización automática sea parte esencial de una actividad.

Ejemplos de cómo se deberían hacer las cosas:

- Una página web ayuda a los usuarios a comprender "cómo funcionan las cosas" a través de animaciones que ilustran los procesos. Las animaciones deben tener botones de "pausa" y "reinicio".
- Un anuncio parpadea para llamar la atención de los espectadores, pero se detiene luego de 5 segundos.
- Un formulario hace parpadear una flecha cerca del botón de envío cuando el usuario termina de rellenar el contenido pero no activa el botón. Después del parpadeo, la animación se debe detener 5 segundos, al menos.
- Un banner que se muestra en la parte superior de la página debe tener un botón de "detener esta animación" en la parte inferior de la imagen, normalmente a la derecha.

7.5.3.28 SIN TIEMPO. CC-2.2.3

NC	Propósito
AAA	Minimizar la aparición de contenido que requiere la interacción cronometrada. Esto beneficia a las personas con ceguera, baja visión, limitaciones cognitivas, motoras o con impedimentos para interactuar con el contenido.

Más información en:
https://www.w3.org/WAI/WCAG20/quickref/#time-limits-no-exceptions

Método para hacer cumplir esta conformidad

Proporcionar a los usuarios todo el tiempo que necesitan para completar una actividad. Esta técnica implica proporcionar una actividad especificada que no requiere interacción programada. A los usuarios se les debe permitir todo el tiempo que necesitan para interactuar con la actividad.

7.5.3.29 INTERRUPCIONES. CC-2.2.4

NC	Propósito
AAA	Asegurar que los usuarios pueden manipular el intervalo de las actualizaciones automáticas del contenido de una web, u otras interrupciones que no sean de emergencia.

Más información en:
https://www.w3.org/WAI/WCAG20/quickref/#time-limits-postponed

Método para hacer cumplir esta conformidad

El objetivo de esta técnica es garantizar que los usuarios puedan posponer actualizaciones automáticas de contenido u otras interrupciones que no sean de emergencia. Esto se puede lograr a través de una configuración previa o una alerta a los usuarios de una actualización inminente y permitirles suprimirla.

Si se proporciona una opción de configuración, la actualización automática de contenido debe poder desactivarse de forma predeterminada y que los usuarios puedan especificar la frecuencia de actualizaciones automáticas de contenido si optan por habilitarla. La opción de configuración puede ser una variable JavaScript global, que por defecto está a false y que impida o deje realizar las actualizaciones automáticas.

También se permite utilizar cookies para almacenar las preferencias del usuario a través de las sesiones.

Si se proporciona una alerta, debe recibir el foco a espera de que el usuario pulse activar el botón OK en el diálogo para descartarlo. Dado que estas alertas causan que el foco cambie, pueden distraer al usuario, especialmente cuando se usa para información que no es de emergencia. No se deben presentar alertas para fines que no sean de emergencia, como mostrar una cotización del día, una sugerencia de uso útil o una cuenta regresiva a un evento en particular, a menos que el usuario los habilite a través de una opción proporcionada en la página Web.

7.5.3.30 RE-AUTENTICACIÓN. CC-2.2.5

NC	Propósito
AAA	Permitir que todos los usuarios puedan completar las transacciones en sesiones con autenticación y que tienen límites de tiempo de inactividad.

Más información en:

https://www.w3.org/WAI/WCAG20/quickref/#time-limits-server-timeout

Método para hacer cumplir esta conformidad

Los servidores Web que requieren autenticación de usuario terminan a menudo la sesión después de un período de tiempo establecido si no hay actividad del usuario. Si el usuario no puede ingresar los datos lo suficientemente rápido y la sesión se agota antes de que se envíen, el servidor necesitará volver a autenticar antes de continuar. Cuando esto suceda, el servidor debe almacenar los datos en una caché temporal mientras el usuario inicia sesión y cuando el usuario se vuelva a autenticar, los datos se deben extraer de la caché y enviarlos al formulario para que procese la petición como si nunca hubiera caducado la sesión. El servidor no mantiene la caché indefinidamente, simplemente el tiempo suficiente para garantizar el éxito después de la autenticación en una única sesión de usuario, como un día.

También se puede enviar como datos ocultos la información del formulario a la página que se utiliza para volver a autenticar. A continuación, cuando el usuario vuelve a autenticarse, el servidor puede utilizar la información transmitida desde la página de autenticación para enviar el formulario directamente o para presentar una página que incluya los datos que se van a enviar para su revisión. En esta técnica, el servidor no tiene que almacenar los datos enviados por el usuario en el servidor. Esta es una técnica importante para los casos en que es ilegal o un riesgo de seguridad para el servidor para almacenar información temporalmente. También es útil en que libera al servidor de tener que mantener la información almacenada y volverla a conectar con la sesión recién autenticada.

7.5.3.31 UMBRAL DE TRES DESTELLOS O MENOS. CC-2.3.1

NC	Propósito
A	Permitir a los usuarios acceder a todo el contenido de un sitio sin inducir convulsiones debido a la foto-sensibilidad a través de la disminución del campo de visión o de 3 destellos por segundo.

Más información en: *https://www.w3.org/WAI/WCAG20/quickref/#seizure-does-not-violate*

Entendimiento

Un destello general se define como un par de cambios opuestos en la luminosidad del 10 % o más que la luminosidad relativa máxima (con un contraste mínimo de 2.51), donde la luminosidad relativa de la imagen más oscura es inferior a 0.80; y donde “un par de cambios opuestos” es un incremento seguido por un decremento o viceversa.

Un destello rojo se define como un par de transiciones opuestas que involucran un rojo saturado. Una excepción es el destello de un patrón sutil y equilibrado como un ruido blanco o un patrón de tablero de ajedrez con “escaques” menores de 0,1° (del campo visual a una distancia típica de visión) a un lado no sobrepasa los umbrales.

Método para hacer cumplir esta conformidad

Evitar los destellos brillantes a gran velocidad para evitar posibles convulsiones. Para ello se debe certificar que ningún componente del contenido tenga un destello general que se repita más de tres veces en un periodo de 1 segundo.

Las excepciones para este Criterio de Conformidad son:

- Si tiene algo que parpadea más de 3 veces en un período de un segundo pero el área que está parpadeando es menor al 25% sobre los 10 grados de campo visual (lo que representaría el área central de visión en el ojo), entonces automáticamente pasaría. Es decir, cualquier evento de parpadeo único en una pantalla (no hay otro parpadeo en la pantalla) que sea más pequeño que un área contigua del 0.02% de la resolución del dispositivo.
- Si el contraste del parpadeo es muy bajo.
- Si el parpadeo no tiene casi rojo.

La herramienta de análisis de epilepsia fotosensible PEAT (Photosensitive Epilepsy Analysis Tool) está pensada para ayudar con este Criterio de Conformidad y ha sido desarrollada para proporcionar un recurso gratuito a los diseñadores web y desarrolladores de software. Para aplicaciones de difusión, películas, entretenimiento en el hogar y juegos, se debe emplear el software PEAT que puede descargarse desde la dirección HTTPS://TRACE.UMD.EDU/PEAT.

7.5.3.32 TRES DESTELLOS. CC-2.3.2

NC	Propósito
AAA	Reducir aún más el riesgo de convulsiones. Mientras que el Criterio 2.3.1 permite más de 3 secuencias de parpadeo (de 3 destellos por segundo), este no.

Más información en:

https://www.w3.org/WAI/WCAG20/quickref/#seizure-three-times

Entendimiento

Un destello general se define como un par de cambios opuestos en la luminosidad del 10% o más que la luminosidad relativa máxima (con un contraste mínimo de 2.51), donde la luminosidad relativa de la imagen más oscura es inferior a 0.80; y donde "un par de cambios opuestos" es un incremento seguido por un decremento o viceversa.

Un destello rojo se define como un par de transiciones opuestas que involucran un rojo saturado. Una excepción es el destello de un patrón sutil y equilibrado como un ruido blanco o un patrón de tablero de ajedrez con "escaques" menores de 0,1° (del campo visual a una distancia típica de visión) a un lado no sobrepasa los umbrales.

Método para hacer cumplir esta conformidad

Evitar los destellos brillantes a gran velocidad para evitar posibles convulsiones. Para ello se debe certificar que ningún componente del contenido tenga un destello general que se repita más de tres veces en un periodo de 1 segundo.

No admite excepción alguna.

7.5.3.33 EVITAR BLOQUES. CC-2.4.1

NC	Propósito
A	Permitir que las personas que navegan de forma secuencial por el contenido a través de lectores de pantalla o a través de teclado ir directamente al contenido principal

Más información en:

https://www.w3.org/WAI/WCAG20/quickref/#navigation-mechanisms-skip

Método para hacer cumplir esta conformidad

Proporcionar un mecanismo que permita saltar los diferentes bloques o secciones. El primer enlace de estos bloques o secciones debe mover el foco al contenido inmediatamente después del bloque o sección actual. Como método alternativo es posible proporcionar una lista de enlaces que permitan ir directamente a los diferentes bloques o secciones del contenido. Esta lista se comportaría como una pequeña tabla de contenidos que establece el foco en las distintas zonas del contenido. A esta lista se le puede dotar la capacidad de expandirse o colapsarse a través de un control del usuario.

```
<a href=”#” onclick=”toggle('navbar')”>Menu Enlaces</a>
<ul id=”navbar”>
    <li><a href=”http://target1.html”>Enlace 1</a></li>
    <li><a href=”http://target2.html”>Enlace 2</a></li>
    <li><a href=”http://target3.html”>Enlace 3</a></li>
    <li><a href=”http://target4.html”>Enlace 4</a></li>
</ul>
```

Existen otras técnicas como proporcionar acceso pragmático a las secciones a través de los roles de la WAI ARIA (explicados en el apartado 3.4.1 y 3.7):

```
<div id=”header” role=”banner”>...</div>
<div id=”sitelookup” role=”search”>...</div>
<div id=”nav” role=”navigation”>...</div>
<div id=”content” role=”main”>...</div>
<div id=”rightsideadvert” role=”complementary”>...</div>
<div id=”footer” role=”contentinfo”>...</div>
```

O estructurar los contenidos con cabeceras para cada bloque o sección:

```
<h1>Búsqueda de términos</h1>
<h2>Búsqueda</h2>
```

```
<form action="search.php">
...
</form>
<h2>Términos de referencia</h2>
...
<h2>Resultados de la búsqueda</h2>
```

7.5.3.34 TÍTULO DE LA PÁGINA. CC-2.4.2

NC	Propósito
A	Ayudar a los usuarios a encontrar contenido y orientarse dentro de las páginas, asegurando que todas tienen un título descriptivo.

Más información en:

https://www.w3.org/WAI/WCAG20/quickref/#navigation-mechanisms-title

Método para hacer cumplir esta conformidad

Proporcionar a cada página web un título descriptivo. Los títulos descriptivos ayudan a los usuarios a encontrar contenido, orientarse dentro de él y navegar por él. Un título descriptivo permite al usuario identificar fácilmente la página Web que está utilizando. Cuando se utilizan títulos descriptivos dentro del texto del enlace, ayudan a los usuarios a navegar con mayor precisión al contenido que les interesa.

Este Criterio de Conformidad, obliga únicamente a que las páginas Web dispongan del elemento TITLE del HTML o XHTML.

7.5.3.35 ORDEN DEL FOCO. CC-2.4.3

NC	Propósito
A	Asegurar que cuando los usuarios navegan de forma secuencial a través de contenidos, obtengan la información en un orden que es compatible con el sentido del contenido y puede ser operado a través del teclado.

Más información en:

https://www.w3.org/WAI/WCAG20/quickref/#navigation-mechanisms-focus-order

Método para hacer cumplir esta conformidad

Asegurar que los elementos interactivos reciben enfoque en un orden que sigue una secuencia lógica en el contenido. Como cada tecnología define su orden de tabulación por defecto, en muchos casos, se hace necesario colocar los controles de forma manual.

Este Criterio de Conformidad obliga, por tanto, a:

- Utilizar la propiedad TABINDEX para hacer cumplir un orden concreto de tabulación.
- Que los diálogos modales se puedan abrir y cerrar únicamente con el teclado.
- Que cuando el usuario abandone un cuadro de diálogo modal en la página, se debe establecer el foco en el elemento o componente que lo obtuvo justo antes de mostrarse dicho diálogo modal.

7.5.3.36 PROPÓSITO DE LOS ENLACES (EN SU CONTEXTO). CC-2.4.4

NC	Propósito
A	Ayudar a los usuarios a entender el propósito de cada enlace para que puedan decidir si quieren seguirlo. Esto se consigue a través de texto del enlace, o a través de su propiedad "title".

Más información en:

https://www.w3.org/WAI/WCAG20/quickref/#navigation-mechanisms-refs

Método para hacer cumplir esta conformidad

Describir el propósito de un enlace en el propio texto del enlace. Como la URL del destino generalmente no es suficientemente descriptiva, la descripción permite al usuario distinguir ese enlace de los demás y le ayuda a determinar si desea seguir el enlace.

Cuando una imagen es el único contenido de un enlace, la alternativa de texto (atributo alt) se debe describir como si del propio texto del enlace se tratase.

Con el atributo ARIA-LABELLEDBY, los autores o desarrolladores pueden utilizar elementos de texto visibles como etiquetas para los elementos que pueden recibir el foco (un control de formulario o un enlace).

```
<h2 id="accessWebSEO">La Accesibilidad Web ayuda al SEO</h2>
<p>
    La accesibilidad web ayuda al SEO ya que el número de visitantes ...
    <a id="link1" href="accessWebSEO.html" aria-labelledby="link1
accessWebSEO">Leer más...</a>
</p>
```

Si los elementos no son visibles se puede utilizar el atributo ARIA-LABEL. Con el atributo ARIA-LABEL se proporciona una forma de colocar una etiqueta descriptiva de texto en un objeto, como un enlace, cuando no hay elementos visibles en la página que describen el objeto. En algunas tecnologías de asistencia, el valor de la etiqueta aria se mostrará en la lista de enlaces en lugar del texto del enlace real.

```
<h2>La Accesibilidad Web ayuda al SEO</h2>
<p>
   La accesibilidad web ayuda al SEO ya que el número de visitantes ...
   <a href="accessWebSEO.html" aria-label="Leer más sobre la accesibilidad
Web ayuda al SEO">Leer más...</a>
</p>
```

7.5.3.37 MÚLTIPLES VÍAS. CC-2.4.5

NC	Propósito
AA	Hacer posible que los usuarios localicen el contenido de la manera que mejor se adapte a sus necesidades proporcionando más de un camino para localizar los contenidos, excepto cuando son resultados, pasos intermedios o procesos.

Más información en:
https://www.w3.org/WAI/WCAG20/quickref/#navigation-mechanisms-mult-loc

Método para hacer cumplir esta conformidad

Permitir que los usuarios encuentren información adicional proporcionando enlaces a páginas web relacionadas a través de menús de navegación, listas o tablas de contenidos u otras opciones similares. La función de búsqueda puede ser también una estrategia de diseño que ofrezca a los usuarios una forma de encontrar contenido de forma rápida ya que se evita la necesidad de comprender o navegar a través de la estructura del sitio Web.

Otra técnica que se suele implementar, de forma independiente a la Accesibilidad Web, es proveer a las Web de un sitemap. Un mapa del sitio es una página web que proporciona enlaces a diferentes secciones del sitio. Para que el sitemap esté disponible dentro del sitio, este debe estar accesible desde todas las páginas, habitualmente en el pie de página.

7.5.3.38 ENCABEZADOS Y ETIQUETAS. CC-2.4.6

NC	Propósito
AA	Ayudar a los usuarios a entender qué información está contenida en páginas y cómo se organiza la información a través de cabeceras y etiquetas claras y descriptivas.

Más información en:

https://www.w3.org/WAI/WCAG20/quickref/#navigation-mechanisms-descriptive

Método para hacer cumplir esta conformidad

Hacer que los encabezados de sección dentro del contenido Web sean descriptivos. Cuando se utilizan encabezados y títulos descriptivos se proporciona a los usuarios una visión general del contenido y su organización. Los encabezados descriptivos identifican secciones del contenido en relación tanto con la página Web en su conjunto como con otras secciones de la misma página Web.

```
<h1>Estándares utilizados en Accesibilidad Web</h1>
<h2>Estándar SMIL</h2>
<h3>Módulos SMIL</h3>
<h3>Ejemplo de SMIL</h3>
<h2>Estándar WAI ARIA</h2>
<h3>Partes de la WAI ARIA</h3>
<h3>Soporte en navegadores y productos de apoyo</h3>
<h2>Estándar WCAG 2.0</h2>
```

Asegurar que las etiquetas de cualquier componente interactivo hagan que el propósito del componente quede claro. Por ejemplo, si se muestra un mapa en Google Maps y se da la opción de acercar o alejar los controles de deben describir con su atajo de teclado

```
<a href="#" title="Pulse aquí para acercar o (Ctrl + Shift + L)">…</a>
<a href="#" title="Pulse aquí para alejar o (Ctrl + Mayús + R)">…</a>
```

7.5.3.39 VISIBILIDAD DEL FOCO. CC-2.4.7

NC	Propósito
AA	Ayudar a los usuarios a saber qué elemento, entre los múltiples elementos de la página, tiene el foco del teclado de manera visual y predecible.

Más información en:

https://www.w3.org/WAI/WCAG20/quickref/#navigation-mechanisms-focus-visible

Método para hacer cumplir esta conformidad

Asegurar que el elemento que toma el foco puede ser identificado visualmente por los usuarios a través del soporte del agente de usuario (navegador). Los agentes de usuario conformes UAAG que cumplen con el punto de verificación 10.2 "Resaltar selección, enfoque de contenido, elementos habilitados, enlaces visitados" poseen esta característica.

Se puede mejorar el aspecto visual a través de hojas de estilo para proporcionar retroalimentación visual cuando un elemento interactivo tiene el foco o cuando un usuario se sitúa sobre él utilizando un dispositivo señalador.

También es posible utilizar JavaScript para aplicar CSS, con el fin de hacer que el indicador de enfoque sea más visible de lo que normalmente sería. Cuando un elemento recibe el foco, se cambia el color o el borde del fondo para que sea visualmente distinto. Cuando el elemento pierde el foco, vuelve a su estilo normal. Esta técnica se puede utilizar en cualquier agente de usuario HTML que admita Script y CSS, independientemente de si soporta la pseudoclase :focus.

7.5.3.40 UBICACIÓN. CC-2.4.8

NC	Propósito
AAA	Proporcionar una manera para que el usuario pueda orientarse en un web o web app para encontrar información relacionada a través de migas de pan, sitemaps y otras técnicas adicionales.

Más información en:

https://www.w3.org/WAI/WCAG20/quickref/#navigation-mechanisms-location

Método para hacer cumplir esta conformidad

Asegurarse de que las páginas poseen una miga de pan para ayudar al usuario a visualizar cómo está estructurado el contenido y cómo volver a páginas anteriores. Un rastro de migas de pan muestra el camino que el usuario tomó para llegar a la página actual dentro de la organización del sitio.

Proporcionar información añadida sobre la ubicación actual a través de un menú de navegación. Esta técnica es especialmente útil cuando las páginas web son pasos de una tarea que debe procesarse en un orden concreto. Proporcionar esta indicación ayuda al usuario a comprender mejor dónde está en la secuencia del proceso o tarea. La ubicación puede indicarse añadiendo un icono o texto, o cambiando el estado del elemento.

Proveer a las páginas de un sitemap proporciona los enlaces a diferentes secciones del sitio. Para que el sitemap esté disponible dentro del sitio, este debe estar accesible desde todas las páginas, habitualmente en el pie de página.

7.5.3.41 PROPÓSITO DE LOS ENLACES. CC-2.4.9

NC	Propósito
AAA	Ayudar a los usuarios a entender el propósito de cada enlace en el contenido, para que puedan decidir si quieren seguirlo o no.

Más información en:
https://www.w3.org/WAI/WCAG20/quickref/#navigation-mechanisms-link

Método para hacer cumplir esta conformidad

El propósito de este Criterio de Conformidad es exactamente igual que el descrito por el CRITERIO DE CONFORMIDAD 2.4.4, con la salvedad de que no permite que haya enlaces que tengan el mismo texto y vinculen a lugares diferentes. Por ejemplo, no puede haber más de un enlace con el texto "Leer más...".

7.5.3.42 TÍTULOS DE LAS SECCIONES. CC-2.4.10

NC	Propósito
AAA	Proporcionar encabezados en las secciones de una página Web, cuando esta se encuentra organizada por secciones. Esto se consigue añadiendo etiquetas de encabezado (H1, H2, H3, etc.).

Más información en:
https://www.w3.org/WAI/WCAG20/quickref/#navigation-mechanisms-headings

Método para hacer cumplir esta conformidad

Asegurar que las secciones tienen encabezados que las identifiquen. Utilizar los elementos de título de HTML (h1 - h6) permite a los agentes de usuario identificar automáticamente los títulos de las secciones y, utilizarlos correctamente anidados (por ejemplo, h1 seguido de h2, h2 seguido de h2 o h3, h3 seguido de h3 o h4, etc.) facilita la navegación y la comprensión de la estructura general del documento.

7.5.3.43 IDIOMA DE LA PÁGINA. CC-3.1.1

NC	Propósito
A	Asegurar que se está informando del idioma utilizado a los agentes de usuario (navegadores o lectores de pantalla) para que ellos puedan actuar en consecuencia (cambiar reglas de pronunciación, agregar subtítulos, etc.)

Más información en:
https://www.w3.org/WAI/WCAG20/quickref/#meaning-doc-lang-id

Método para hacer cumplir esta conformidad

Identificar el idioma predeterminado de un documento facilitándolo a través de los atributos LANG o XML:LANG, según corresponda para la versión HTML o XHTML que utilice.

Identificar el idioma del documento es importante por varias razones:

- Permite que el software de traducción braille sustituya los códigos de control por caracteres acentuados e inserte los códigos de control necesarios para evitar la creación errónea de las contracciones braille de Grado 2.

- Los sintetizadores de voz que soportan múltiples idiomas podrán orientarse y adaptarse a la pronunciación ya la sintaxis que son específicas del lenguaje de la página, pronunciando el texto con el acento apropiado con una pronunciación adecuada.
- El marcado del lenguaje puede beneficiar la evolución futura de la tecnología, por ejemplo, los usuarios que no puedan traducir entre lenguas podrán utilizar máquinas para traducir lenguas desconocidas.
- El marcado del lenguaje también puede ayudar a los agentes del usuario a proporcionar definiciones utilizando un diccionario.

```
<html lang="es">
...
</html>
<html lang="es" xml:lang="es" xmlns="http://www.w3.org/1999/xhtml">
...
</html>
```

7.5.3.44 IDIOMA DE LAS PARTES. CC-3.1.2

NC	Propósito
AA	Asegurar que los agentes de usuario puedan presentar correctamente el contenido escrito en otros idiomas a excepción de, entre otros, nombres propios, términos técnicos o "expresiones naturales".

Más información en:

https://www.w3.org/WAI/WCAG20/quickref/#meaning-other-lang-id

Entendimiento

Tal y como se comenta en el CRITERIO DE CONFORMIDAD 3.1.1, si un documento es HTML, se debe utilizar el atributo LANG para establecer el idioma del documento o un rango de texto. Pero ocasionalmente, el idioma del texto y el contenido del elemento están en idiomas diferentes. Esto ocurre, por ejemplo, cuando la página está en un idioma concreto pero el texto que se presenta está en otro, como un proverbio en su lengua original o un enlace a una traducción en otro idioma.

Método para hacer cumplir esta conformidad

Identificar claramente cualquier cambio en el idioma de un documento facilitándolo a través de los atributos LANG o XML:LANG, según corresponda para la versión HTML o XHTML que utilice.

```
<a href="#" lang="de" translate="no" dir="auto">Deutsch</a>
<a href="#" lang="en" translate="no" dir="auto">English</a>
<a href="#" lang="fr" translate="no" dir="auto">Français</a>
<a href="#" lang="pt" translate="no" dir="auto">Português</a>
```

Si el texto que se expone son nombres propios, términos técnicos, palabras en un idioma indeterminado o frases propias de un lengua concreta el cumplimiento de este criterio se puede eludir.

7.5.3.45 PALABRAS INUSUALES. CC-3.1.3

NC	Propósito
AAA	Proporcionar una definición de cualquier palabra que se usa de una manera inusual o restringida como, por ejemplo, polisemias, acrónimos, jergas, tecnicismos, argots, etc.

Más información en:

https://www.w3.org/WAI/WCAG20/quickref/#meaning-idioms

Método para hacer cumplir esta conformidad

Proporcionar una definición para cualquier palabra usada de manera inusual o restringida.

Una palabra se usa de manera inusual o restringida cuando:

- Los diccionarios dan varias definiciones de la palabra pero la definición específica se debe utilizar para entender el contenido.
- La definición específica debe ser utilizada para entender el contenido y los diccionarios clasifican esa definición como rara, arcaica, obsoleta, etc.
- El autor crea una nueva definición que debe utilizarse para comprender el contenido.

Se puede proporcionar al usuario como parte del texto o como enlace a un glosario, lista de definiciones o cualquier otro método que permita comprender los términos usados dentro de los contenidos.

```
<p>Puede ser necesario actualizar el controlador de la impresora.</p>
<p>La palabra <b>"controlador"</b> se define como un software que contiene
instrucciones específicas para una impresora.</p>
```

7.5.3.46 ABREVIATURAS. CC-3.1.4

NC	Propósito
AAA	Proporcionar la forma expandida de las abreviaturas, especialmente si estas tienen varias interpretaciones posibles.

Más información en:

https://www.w3.org/WAI/WCAG20/quickref/#meaning-located

Método para hacer cumplir esta conformidad

Asegurarse de que la forma expandida de una abreviatura o acrónimo está presente la primera vez que aparece dentro de una página Web. Por ejemplo, cuando hablamos de WAI ARIA (Web Accessibility Initiative - Accessible Rich Internet Applications).

La forma expandida puede estar dentro de la misma página Web o en una página Web diferente estableciendo un vínculo entre el elemento y su definición.

Los enlaces son una poderosa opción para proporcionar acceso a la definición de una abreviatura o acrónimo. Un usuario puede utilizar el vínculo para encontrar la definición de forma rápida y sencilla y luego volver a su lugar en el contenido a través del botón Atrás del navegador.

El elemento abbr de HTML también es otra forma de hacer cumplir este Criterio de Conformidad.

```
<p>Se puede utilizar <abbr title="Hypertext Markup Language">HTML</abbr>
para este criterio</p>
```

7.5.3.47 NIVEL DE LECTURA. CC-3.1.5

NC	Propósito
AAA	Ayudar a las personas con discapacidad de lectura intentando proporcionar una visión más simplificada del texto que requiere un nivel avanzado de conocimiento.

Más información en:
https://www.w3.org/WAI/WCAG20/quickref/#meaning-supplements

Método para hacer cumplir esta conformidad

Proporcionar resúmenes, ilustraciones visuales, servicios de text-to-speech, además del contenido original, para los contenidos complejos.

Los usuarios con discapacidades pueden tener serias dificultades para comprender palabras y frases en textos complejos. Esta técnica proporciona una breve declaración de las ideas más importantes y la información en el contenido. El resumen es más fácil de leer porque utiliza oraciones más cortas y palabras más comunes que el original.

Los gráficos, diagramas, animaciones, fotografías, organizadores gráficos u otros materiales visuales, a menudo, ayudan a estos usuarios.

7.5.3.48 PRONUNCIACIÓN. CC-3.1.6

NC	Propósito
AAA	Ayudar a las personas ciegas, visión deficiente y/o con discapacidad de lectura a comprender el contenido en los casos en que el significado depende de la pronunciación añadiendo transcripciones fonéticas.

Más información en:
https://www.w3.org/WAI/WCAG20/quickref/#meaning-pronunciation

Método para hacer cumplir esta conformidad

Asegurarse de que la pronunciación de una palabra esté disponible proporcionando información de la pronunciación la primera vez que aparece dentro de una página Web. Por ejemplo, si dentro de un texto se utiliza una palabra que tenga una pronunciación específica para comprender su significado, se debe proporcionar la pronunciación a continuación de la palabra o mediante un vínculo a un glosario de términos.

Cuando una página Web contiene palabras con la misma ortografía pero diferentes pronunciaciones, esta técnica no es apropiada para proporcionar la pronunciación, a menos que se proporcione para cada instancia.

7.5.3.49 AL TOMAR EL FOCO. CC-3.2.1

NC	Propósito
A	Asegurar que la navegación por las páginas es predecible y no se producen cambios de contexto aunque el foco desencadene eventos asociados.

Más información en:
https://www.w3.org/WAI/WCAG20/quickref/#consistent-behavior-receive-focus

Método para hacer cumplir esta conformidad

Asegurarse de que recibir el foco no provoca ningún cambio de contexto. Los usuarios con discapacidades cognitivas y las personas que usan lectores de pantalla o magnificadores de pantalla pueden verse confundidos por un evento inesperado como la presentación automática de formularios o la activación de una función que causa un cambio de contexto.

Todos los cambios de contexto deben ser desencadenados solo por una acción específica por parte del usuario. Además, esta acción debe ser una que normalmente cause cambios en el contexto, como hacer clic en un enlace o presionar un botón de envío. Las acciones que simplemente mueven el foco a un elemento no causan un cambio de contexto.

7.5.3.50 EN LA ENTRADA. CC-3.2.2

NC	Propósito
A	Asegurar que la introducción de datos o la selección de un control de formulario tiene efectos predecibles.

Más información en:
https://www.w3.org/WAI/WCAG20/quickref/#consistent-behavior-unpredictable-change

Método para hacer cumplir esta conformidad

Proporcionar un mecanismo que permita a los usuarios solicitar explícitamente cambios de contexto. El cambio de contexto se puede realizar mediante formularios, por botones o a través de JavaScript, pero siempre debe tener un comportamiento predecible.

Si el cambio de contexto no es una opción, se debe proporcionar información a los usuarios sobre lo que sucederá cuando dé lugar dicho cambio de contexto. Dado que cambiar el valor en un control de un formulario normalmente no resulta en un cambio de contexto, es importante que los desarrolladores proporcionen instrucciones que hagan al usuario consciente del comportamiento por adelantado.

7.5.3.51 NAVEGACIÓN CONSISTENTE. CC-3.2.3

NC	Propósito
AA	Fomentar que la presentación, formato y localización del contenido es coherente para los usuarios que interactúan entre las diferentes páginas del sitio.

Más información en:

https://www.w3.org/WAI/WCAG20/quickref/#consistent-behavior-consistent-locations

Método para hacer cumplir esta conformidad

Provocar que el contenido sea más fácil de usar haciendo que la colocación de componentes repetidos sea más predecible. También se aplica a componentes de navegación.

Esta técnica exige que la colocación de componentes sea más predecible presentando los enlaces o referencias en el mismo orden relativo cada vez que se repite. Esto no implica que los elementos cambien si cambia el contexto, sin embargo, el orden siempre debe ser el mismo.

7.5.3.52 IDENTIFICACIÓN CONSISTENTE. CC-3.2.4

NC	Propósito
AA	Asegurar que las distintas funcionalidades de las páginas de un sitio no tienen asociadas "etiquetas" con el mismo nombre.

Más información en:

https://www.w3.org/WAI/WCAG20/quickref/#consistent-behavior-consistent-functionality

Método para hacer cumplir esta conformidad

Ayudar a los usuarios con discapacidades cognitivas, ceguera o pérdida de visión a entender lo que sucederá cuando interactúan con una función en una página Web. Los componentes (elementos, vínculos, objetos JavaScript, etc.) que tienen la misma función se deben identificar de forma consistente en todas las páginas.

Ejemplos de identificación consistente son:

- Si una página Web tiene dos campos de búsqueda, uno en la cabecera y otro en el pie de página, y los dos se etiquetan igual, el usuario puede perderse y no saber qué está haciendo. Se hace necesario reetiquetar o eliminar uno de los campos.
- Si una imagen de signo de interrogación se utiliza para dirigir a los usuarios a una página que proporciona información adicional, cada vez que aparezca la imagen del signo de interrogación debe tener la misma función.

7.5.3.53 CAMBIO A PETICIÓN. CC-3.2.5

NC	Propósito
AAA	Evitar la posible confusión que puede ser causada por los cambios de contexto, tales como los pop ups, el envío automático de formularios tras seleccionar un elemento de una lista, etc.

Más información en:

https://www.w3.org/WAI/WCAG20/quickref/#consistent-behavior-no-extreme-changes-context

Método para hacer cumplir esta conformidad

Permitir al usuario controlar cuando se debe actualizar el contenido, con el fin de evitar la confusión o desorientación causada por actualizaciones automáticas que causan un cambio de contexto. En lugar de activar actualizaciones automáticamente, los autores deben proporcionar un mecanismo que permita al usuario solicitar una actualización del contenido cuando sea necesario, a través de un enlace por ejemplo.

Algunos agentes de usuario admiten el uso del elemento META de HTML para redirigir al usuario a otra página pasados un número especificado de segundos. Esto hace que una página sea inaccesible para algunos usuarios, especialmente para los usuarios con lectores de pantalla. Las tecnologías del servidor proporcionan métodos para implementar redirecciones de una manera que no confunda a los usuarios. Un script de servidor o un archivo de configuración puede hacer que el servidor envíe una respuesta HTTP apropiada con un código de estado en el rango 3xx y un encabezado Location con otra URL. Cuando el navegador recibe esta respuesta, la barra de ubicación cambia y el navegador realiza una solicitud con la nueva URL.

```
<?php header("HTTP/1.1 301 Moved Permanently");
      header("Location: http://www.example.com/newUserLogin.php");
?>
```

Si no se puede utilizar el redireccionamiento a través del Servidor, se puede utilizar el elemento meta de HTML sin tiempo y asociándole un texto y enlace describiendo la acción de lo que sucederá.

```
<html xmlns="http://www.w3.org/1999/xhtml">
   <head>
      <title>La película</title>
      <meta http-equiv="refresh" content="0;URL='URL_SITIO'" />
   </head>
   <body>
      <p>Página movida a <a href="URL_SITIO">URL_SITIO</a>.</p>
   </body>
</html>
```

El atributo TARGET de HTML o el objeto WINDOW.OPEN de JavaScript también están permitidos pero solo como última opción.

7.5.3.54 IDENTIFICACIÓN DE ERRORES. CC-3.3.1

NC	Propósito
A	Asegurar que los usuarios son conscientes de que se ha producido un error indicando su ubicación y utilizando mensajes claros, lo más específico posible.

Más información en:
https://www.w3.org/WAI/WCAG20/quickref/#minimize-error-identified

Método para hacer cumplir esta conformidad

Asegurarse de que si se detectan errores de entrada sean claramente diferenciados y proporcionan la información necesaria para identificar el problema. Además es una buena práctica que el foco del teclado se sitúe en el primer campo donde ocurrió un error.

Los parámetros ARIA-INVALID y ARIA-DESCRIBEDBY pueden ser empleados para identificar específicamente los campos dónde la validación no tuvo éxito. Un ejemplo de ello es el siguiente ejemplo:

```
<div class="control">
  <p>
    <label for="email">Email: *</label>
    <input type="text"
           id="email"
           class="error"
           aria-invalid="true" aria-describedBy="err_2" />
  </p>
  <span class="errtext" id="err_2">
    Error: El email es un campo obligatorio
  </span>
</div>
```

El atributo ARIA-LIVE puede ser de gran ayuda ya que hace posible que un AT (como un lector de pantalla) sea notificado cuando se envían mensajes de error a un contenedor Live Region (contenedor actualizable). El contenido de la región ARIA-LIVE es leído automáticamente por el AT, sin que el AT tenga que centrarse en el lugar donde se muestra el texto. El siguiente ejemplo utiliza el ROL=ALERT que es equivalente a utilizar ARIA-LIVE=ASSERTIVE y se utiliza a modo de contenedor de errores.

```
<p id="errors" role="alert" aria-atomic="true"></p>
```

Los controles de entrada se pueden validar a medida que se introducen valores para cada campo o todos a la vez tanto en la parte del cliente como en la servidora.

7.5.3.55 ETIQUETAS O INSTRUCCIONES. CC-3.3.2

NC	Propósito
A	Asegurarse de que los controles de los formularios tienen las instrucciones precisas para que los usuarios sepan lo que se espera como datos de entrada.

Más información en:

https://www.w3.org/WAI/WCAG20/quickref/#minimize-error-cues

Método para hacer cumplir esta conformidad

Proporcionar todas las etiquetas, avisos e instrucciones que sean necesarias para que los usuarios puedan utilizar correctamente elementos interactivos.

Una buena práctica es proporcionar las restricciones en la parte superior de los formularios. Esta técnica funciona mejor para formularios que tienen un número pequeño de campos o aquellos en los que muchos campos de formulario requieren datos en el mismo formato.

Asegurarse de que todos los controles de entrada tienen una etiqueta asociada. Por ejemplo:

```
<label for="searchInput">Buscador</label>
<input name="searchInput" id="searchInput" type="search" />
```

Si los controles no pueden utilizar etiquetas (porque así el diseño lo requiera) o no se les puede añadir una etiqueta porque pueden resultar confusos se debe utilizar el atributo de TITLE para etiquetar los controles de entrada. Los agentes de usuario, incluida la tecnología de asistencia, pueden hablar el atributo de TITLE.

```
<input name="lastDigits" title="Introduce los 4 últimos números de la
tarjeta" />
```

Un botón pegado al lado de un control de entrada (por ejemplo, un input de tipo texto y un botón con el texto "buscar") también puede funcionar a modo de etiqueta.

Además de los controles anteriores es muy recomendable utilizar las propiedades ARIA-DESCRIBEDBY para proporcionar información descriptiva para los controles y la propiedad ARIA-LABELLEDBY para etiquetar todos los objetos visuales.

```
<button aria-label="Close"
        aria-describedby="descrClose"
        onclick="myDialog.close()">X</button>
...
<div id="descriptionClose">Descripción completa de lo que representa</div>
<form>
  <p>
    <span id="tol"><label for="tod">Extender el tiempo</label></span>
    <input type="text" size="3" id="tod" value="20" aria-labelledby="tol
tod tou">
    <span id="tou"> minutos más</span>
  </p>
</form>
```

7.5.3.56 SUGERENCIAS ANTE ERROR. CC-3.3.3

NC	Propósito
AA	Asegurar que los usuarios reciben sugerencias apropiadas para la corrección de un error, si es posible.

Más información en:
https://www.w3.org/WAI/WCAG20/quickref/#minimize-error-suggestions

Método para hacer cumplir esta conformidad

Asegurarse de que los controles de entrada proporcionan la información necesaria para solucionar el error cuando este se detecta de forma automática.

El uso de alertas, diálogos modales o textos descriptivos ubicados al lado o debajo del control de entrada son métodos permitidos en este Criterio de Conformidad.

Es recomendable el uso de ARIA-REQUIRED para indicar a los AT que es un campo requerido.

También es posible alertar a los usuarios de que se ha producido un error de entrada a través del atributo ROLE="ALERTDIALOG" para crear una notificación. Esta notificación debe ser modal con las siguientes características:

- ARIA-LABEL o ARIA-LABELLEDBY atribuye a la ALERTDIALOG un nombre accesible.
- ARIA-DESCRIBEDBY proporciona una referencia al texto de la alerta.
- El alerta contiene al menos un control que se puede enfocar y el foco debe moverse a ese control cuando se abre el alerta.
- El orden de las pestañas está restringido dentro del alerta mientras está abierto.
- Cuando se desactiva el diálogo, el foco vuelve a la posición que tenía antes de abrir el diálogo, si es posible.

```
<div role="alertdialog"
     aria-labelledby="alertHeading"
     aria-describedby="alertText">
    <h1 id="alertHeading">Error</h1>
    <div id="alertText">
        La fecha de finalización debe ser posterior a la de inicio.
    </div>
    <button>Continuar y corregir el error</button>
</div>
```

7.5.3.57 PREVENCIÓN DE ERRORES (LEGALES, FINANCIEROS, DE DATOS). CC-3.3.4

NC	Propósito
AA	Ayudar a los usuarios con discapacidad a evitar graves consecuencias como resultado de un error al realizar una acción que no se puede revertir.

Más información en:
https://www.w3.org/WAI/WCAG20/quickref/#minimize-error-reversible

Método para hacer cumplir esta conformidad

Permitir a los usuarios recuperarse de los errores cometidos al realizar una transacción irreversible (como pueda ser un pedido) proporcionándoles un período de tiempo durante el cual puedan cancelarla o cambiarla. En general, un contrato o una orden es un compromiso legal y no puede ser cancelado. Sin embargo, un sitio Web puede optar por ofrecer esta capacidad y proporcionar una forma para que los usuarios se recuperen ante estos errores.

Lo mejor es proporcionar el procedimiento de cancelación en el mismo sitio pero también es posible hacerlo a través de algún otro mecanismo o combinación de mecanismos, siempre y cuando tenga accesibilidad cruzada equivalente a la discapacidad. Para este último caso los usuarios deben ser advertidos, antes de enviar el formulario, de que no serán capaces de cancelar su transacción en línea.

Si se está tratando con formularios se puede proporcionar una casilla de verificación que los usuarios deben seleccionar para indicar que han revisado los datos de entrada y que pueden ser enviados. Esto es importante cuando la naturaleza de la transacción es tal que no puede ser reversible si los errores de entrada se descubren posteriormente o cuando el resultado de una acción es que se eliminen los datos.

La casilla de verificación debe ubicarse cerca del botón de envío para ayudar al usuario a notarlo durante el proceso de envío. Si la casilla de verificación no está seleccionada cuando se envía el formulario, se rechaza la entrada y se le pide al usuario que revise su entrada, seleccione la casilla de verificación y vuelva a enviarla. Solo si se selecciona la casilla de verificación se aceptará la entrada y se procesará la transacción.

Si se proporciona la capacidad de eliminar información, se debe proporcionar un medio para recuperar dicha información que fue borrada por error por el usuario. El método más frecuente es marcar la información de alguna forma para su posterior eliminación pasado un tiempo prudencial.

7.5.3.58 AYUDA. CC-3.3.5

NC	Propósito
AAA	Evitar que los usuarios cometan errores a través de "ayudas sensibles al contexto", asistentes de ayuda, corrección ortográfica y sugerencias para la introducción del texto o instrucciones "textuales".

Más información en:
https://www.w3.org/WAI/WCAG20/quickref/#minimize-error-context-help

Método para hacer cumplir esta conformidad

Proporcionar ayuda contextual a los usuarios a medida que van introduciendo datos en los formularios. La forma de proporcionar esta ayuda contextual poner a disposición del usuario un vínculo que lleve a la información de ayuda en cada página Web o proporcionar un enlace de ayuda para cada control interactivo. En este último caso, el posicionamiento de este enlace debe ser inmediatamente antes o después del control de entrada para permitir a los usuarios tabular fácilmente si tienen problemas en el control.

Otro método frecuente es ayudar al usuario a evitar errores de entrada informándoles con antelación sobre las restricciones en el formato de datos que deben ingresar. Esta técnica funciona mejor para formularios que tienen un número pequeño de campos o aquellos en los que muchos campos de formulario requieren datos en el mismo formato. En estos casos, es más eficiente describir el formato una vez en las instrucciones en la parte superior del formulario en lugar de repetir la misma información para cada campo que tenga el mismo requisito de formato restringido.

La ayuda en línea a través de chats también es una buena práctica para los usuarios con discapacidades cognitivas ya que pueden tener problemas para leer el texto.

7.5.3.59 PREVENCIÓN DE ERRORES. CC-3.3.6

NC	Propósito
AAA	Ayudar a los usuarios con discapacidad a evitar las consecuencias que puedan derivarse al cometer un error en el proceso de envío de datos de un formulario.

Más información en:

https://www.w3.org/WAI/WCAG20/quickref/#minimize-error-reversible-all

Método para hacer cumplir esta conformidad

Si se requiere que el usuario envíe información se debe cumplir, al menos, que sea reversible, que puede ser verificada o que puede ser confirmada.

Las técnicas suficientes para cumplir este Criterio de Conformidad son las mismas que el CRITERIO DE CONFORMIDAD 3.3.4.

7.5.3.60 PROCESAMIENTO. CC-4.1.1

NC	Propósito
A	Asegurar que los agentes de usuario, incluyendo las ayudas técnicas, pueden interpretar y analizar con precisión el contenido.
Más información en: *https://www.w3.org/WAI/WCAG20/quickref/#ensure-compat-parses*	

Método para hacer cumplir esta conformidad

Evitar las ambigüedades que a menudo resultan de un código que no se valida contra las especificaciones formales. Los contenidos que se implementan en lenguajes como HTML o XHTML deben verificarse de acuerdo a las especificaciones formales que presenta la W3C, por ejemplo.

Cuando el código se ajusta totalmente a sus especificaciones, si bien no es necesario que se ajusten plenamente a las especificaciones a las WCAG 2.0, es una práctica recomendada y suficiente para cumplir con el Criterio de cumplimiento 4.1.1.

7.5.3.61 NOMBRE, FUNCIÓN, VALOR. CC-4.1.2

NC	Propósito
A	Asegurar que los elementos de formulario, enlaces y demás componentes de la interfaz de usuario permiten determinar su estado y su cambio.
Más información en: *https://www.w3.org/WAI/WCAG20/quickref/#ensure-compat-rsv*	

Método para hacer cumplir esta conformidad

Para los usuarios videntes, el contexto y la apariencia visual de un elemento pueden proporcionar señales suficientes para determinar su propósito. Un ejemplo de ello es el símbolo 'X' usado a menudo para indicar que el control se puede cerrar.

En algunas situaciones, los elementos pueden recibir el atributo ARIA-LABEL para proporcionar un nombre accesible para situaciones en las que no hay etiqueta visible debido a un diseño o diseño elegido, pero el contexto y la apariencia visual del control hacen que su propósito sea claro.

```
<div id="box">
   This is a pop-up box.
   <button aria-label="Close" onclick="jQuery(this).parent().hide()"
class="button">X</button>
</div>
```

En otras situaciones, los elementos pueden recibir el atributo ARIA-LABEL para proporcionar un nombre accesible cuando el elemento nativo de etiquetado HTML no es soportado por el control, por ejemplo, cuando se utiliza un conjunto div para CONTENTEDITABLE en lugar de elementos nativos como entrada TYPE="TEXT" o TYPE="TEXTAREA" para proporcionar una experiencia de edición de texto más rica.

```
<div role="group" aria-labelledby="groupLabel">
  <span id="groupLabel">Teléfono</span>
 +<input type="number" aria-label="Código de País">
  <input type="number" aria-label="Código de área">
  <input type="number" aria-label="Número de teléfono">
</div>
```

Como sucede con ARIA-DESCRIBEDBY, ARIA-LABELLEDBY puede aceptar múltiples IDs para apuntar a otros elementos de la página usando una lista separada por el espacio. Esta capacidad hace que ARIA-LABELLEDBY sea especialmente útil en situaciones donde los usuarios videntes usan información del contexto circundante para identificar un control.

```
<input name="searchtxt" type="text" aria-labelledby="searchbtn">
<input name="searchbtn" id="searchbtn" type="submit" value="Search">
```

Anexo

HERRAMIENTAS Y RECURSOS

"Antes de que un software sea reutilizable primero debe ser utilizable"

Ralph Johnson

RECURSOS PARA DESARROLLO Y EVALUACIÓN

Validadores y herramientas de accesibilidad y usabilidad web

Es una página web que contiene un gran lista de herramientas utilizadas en usabilidad y accesibilidad web. Olga Carreras la mantiene actualizada.

https://www.usableyaccesible.com/recurso_misvalidadores.php

Google AMP

Google AMP es una plataforma pensada para aumentar el rendimiento de las páginas web cuando se ejecutan en dispositivos móviles.

https://search.google.com/test/amp

Google PageSpeed Insights

Google PageSpeed Insights es una herramienta que realiza una estimación sobre la velocidad de carga de las páginas web tal y como se efectuaría en navegadores de escritorio y móvil.

https://developers.google.com/speed/pagespeed/insights/

Google Optimizer

Google Optimizer es una herramienta gratuita para realizar test A/B .

https://optimize.google.com/optimize/home/

RECURSOS W3C

Lenguaje de Integración Multimedia Sincronizado (SMIL 3.0)

SMIL permite a los diseñadores integrar audio, video, imágenes, texto o cualquier otro contenido multimedia a las interfaces.

http://www.w3.org/TR/SMIL3/

Guía para desarrolladores de la WAI ARIA

La WAI ARIA es una iniciativa del W3C que define o describe una forma de realizar contenidos accesibles. Es muy eficiente con contenidos dinámicos y desarrollos creados bajo los lenguajes HTML, Ajax o JavaScript.

https://www.w3.org/TR/wai-aria-implementation/

Cómo cumplir con WCAG 2.0

Una referencia rápida y personalizable a los requisitos de las Pautas de Accesibilidad para el Contenido Web (WCAG) 2.0 dónde se cuentan todos los criterios de éxito y técnicas.

https://www.w3.org/WAI/WCAG20/quickref/

Guía Breve de Web Semántica

La World Wide Web Consortium proporciona un enlace dónde se expone de forma abierta una guía "rápida" sobre la Web Semántica.

https://www.w3c.es/Divulgacion/GuiasBreves/WebSemantica

LECTURAS RECOMENDADAS

Interaction Design Foundation

Libros de texto gratuitos de grandes diseñadores, autores y profesores. Una gran fuente de conocimientos y toda una autoridad de recursos de diseño de UX de código abierto.

https://www.interaction-design.org/literature

NN/g Nielsen Norman Group

Artículos de decenas de temas enfocados a la experiencia de usuario basada en la investigación, capacitación y consultoría.

https://www.nngroup.com/

Primeros principios de diseño de interacción de Bruce Tognazzini

Descripción de los principios fundamentales para el diseño e implementación de interfaces eficaces para entornos GUI, web, dispositivos móviles, portátiles o inteligentes.

http://asktog.com/atc/principles-of-interaction-design/

Las ocho reglas de oro del diseño de interfaz de Ben Shneiderman

Descripción de los principios de diseño de interfaces de Ben Shneiderman aplicables a la mayoría de sistemas interactivos.

https://www.cs.umd.edu/users/ben/goldenrules.html

Advanced Common Sense

Advanced Common Sense es la web oficial de Steve Krug que contiene descripciones sobre sus libros "No me hagas pensar" y "Haz fácil lo imposible", workshops, descargas, eventos y blog.

https://www.sensible.com/

Las reglas de oro del diseño de interfaces de usuario de Mandel

Documento explicativo con las reglas de oro de Mandel que dan sentido a por qué los sistemas de hoy en día deberían adaptarse al usuario.

http://theomandel.com/wp-content/uploads/2012/07/Mandel-GoldenRules.pdf

Diseño de Interacción: Más allá de la Interacción Humana con Computadora

Este libro de texto de nivel universitario de los autores que Preece, Rogers y Sharp, entre otros, incluye tanto referencias científicas y métodos de diseño de usabilidad.

http://www.sharritt.com/CISHCIExam/preece.html

Blog de Alan Dix

Artículos sobre usabilidad, experiencia de usuario, métodos de evaluación, entre otros.

http://alandix.com/blog/tag/usability/

The MUSiC Performance Measurement Method

Información detallada sobre el método de medición de rendimiento Metrics for Usability Standards in Computing.

http://www.usabilitynet.org/papers/muspmm97.pdf

BIBLIOGRAFÍA

Preece, J, Rogers, Y, Sharp, H, Benyon, D, Holland, S & Carey, T. (1994). *Human-Computer Interaction.*

Addison-Wesley. (1993). *Designing the User Interface.*

B. Starke, J. Ormsbee Simonds. (2013). *Landscape Architecture, Fifth Edition: A Manual of Environmental Planning and Design.* McGraw-Hill Education; Edición: 5.

Braziller, G. (2009). *General System Theory.*

Commons Wikipedia. (2017). *Wikipedia.* Obtenido de *https://es.wikipedia.org/*

Cugini J, Laskowski S. (2001). *Design of a File Format for Logging Website Interaction.*

Design Thinking. (2018). *Design Thinking en Español.* Retrieved from *http://designthinking.es/*

Dix, A. (2018). *Usability.* Retrieved from Alan Dix Blog: *http://alandix.com/blog/tag/usability/*

García, C. E. (2007). Diseño web para tod@s I: Accesibilidad al contenido de la web.

Google. (2017). *Google Developers.* Retrieved from Build anything with Google: *https://developers.google.com/*

Granollers, i. S. (2004, Julio). "MPIu+a. Una metodología que integra la Ingeniería del Software, la Interacción Persona-Ordenador y la Accesibilidad en el contexto de equipos de desarrollo multidisplinares". Lleida, LLeida.

Grudin, J. (1992). *Utility and usability: research issues and development contexts.*

Guidance on usability. (1998). *ISO. Ergonomic requirements for office work with visual display terminals (VDTs)-Part 11.*

Hansen, W. J. (1971). *User Engineering Principles for Interactive Systems.*

Heller, E. (2004). *Psicología del color.*

Interaction Design Foundation. (n.d.). *Open Source, Open-access literature*. Retrieved from Interaction Design Foundation Literature: *https://www.interaction-design.org/literature*

ISO. (1998). *International Organization for Standardization*. Retrieved from ISO 9241-11:1998 Ergonomic requirements for office work with visual display terminals (VDTs) -- Part 11: Guidance on usability: *https://www.iso.org/standard/16883.html*

ISO/IEC 25011. (2015, 02 03). ISO/IEC CD 25011.3 Information technology – Service Quality Requirement and Evaluation (SQuaRE) – Service Quality Model. Switzerland.

Krug, S. (2000). *Don't make me think.*

Licklider, J. (1960). *Man-Computer Symbiosis.*

Linkedln SlideShare. (2018). *Linkedln SlideShare*. Retrieved from *https://es.slideshare.net/*

M. Macleod, R. Bowden and N. Bevan. (2017). *The MUSiC Performance Measurement Method.* Retrieved from *http://www.usabilitynet.org/papers/muspmm97.pdf*

Maeda, J. (2010). *Las Leyes de la Simplicidad (Libertad y cambio)*

Mandel, T. (1997). *The Golden Rules of User Interface Design*. Chapter 5. Retrieved from theomandel.com: *http://theomandel.com/wp-content/uploads/2012/07/Mandel-GoldenRules.pdf*

Moggridge, B. (2007). *Designing Interactions.*

Mora, S. L. (2017). *Universidad de Alicante*. Obtenido de Accesibilidad Web: http://accesibilidadweb.dlsi.ua.es/

Nielsen Norman Group. (2018). *Nielsen Norman Group. Evidence-Based User Experience Research, Training, and Consulting*. Retrieved from *https://www.nngroup.com/*

Nielsen, J. (1995). *10 Usability Heuristics for User Interface Design*. Retrieved from *https://www.nngroup.com/articles/ten-usability-heuristics/*

Nielsen, J. (2012). *Usability 101: Introduction to Usability*. Retrieved from https://*www.nngroup.com/articles/usability-101-introduction-to-usability/*

Norman, D. A. (1988). *The Psychology Of Everyday Things.*

Norman, D. A. (2002). *The Design of Everyday Things.*

Pablo E. Fernández. (2018). *Islavisual*. Retrieved from *http://www.islavisual.com*

PAE (Portal de Administración Electrónica). (2017). *Portal de Administración Electrónica*. Obtenido de *https://administracionelectronica.gob.es*

Penny, S. (2012). *LinkedIn SlideShare*. Retrieved from Towards a Performative Aesthetics of Interactivity: *https://www.slideshare.net/rhyanal/penny-slideshow*

Portal de Administración Pública. (2012). Obtenido de UNE 139803 - Requisitos de accesibilidad para contenidos en la Web: *http://administracionelectronica.gob.es/PAe/accesibilidad/UNE139803=2012.pdf*

Revista Cubana de Información en Ciencias de la Salud. (2017). *Usabilidad de los sitios Web, los métodos y las técnicas para la evaluación*. Obtenido de *http://www.acimed.sld.cu/index.php/acimed/article/view/405/306*

Revista Latinoamericana De Ingenieria De Software (ReLAIS). (s.f.). *Ingeniería de Usabilidad*. Obtenido de Una Propuesta Tecnológica para Contribuir a la Evaluación de la Usabilidad del Software: *http://sistemas.unla.edu.ar/sistemas/redisla/ReLAIS/*

Rogers, Y. (2012). *HCI Theory: Classical, Modern, and Contemporary.*

Sharp H, Rogers, Y, Preece, J. (2007). *Interaction Design. Beyond Human Computer Interaction.*

Shneiderman, B. (2018). *The Eight Golden Rules of Interface Design*. Retrieved from *https://www.cs.umd.edu/users/ben/goldenrules.html*

Sidar. (2017). *Seminario Iberoamericano sobre Diversidad y Accesibilidad en la Red*. Retrieved from Fundación Sidar - Acceso Universal: *http://www.sidar.org/*

Slack N., Chambers S., Johnston R. (2008). Operations Management.

Software Process Improvement Laboratory. (2015). *Improving enterprise effectiveness through process measurement and improvement*. Retrieved from

ISO/IEC 25011 CD2 Information technology – Service Quality Requirement and Evaluation (SQuaRE) – Service Quality Model: *http://www.spilab.co.za/professional-activities/emerging-iso-standards/107-25011/210-iso-iec-25011-cd2-information-technology-service-quality-requirement-and-evaluation-square-service-quality-model*

Suárez Torrente, M. d. (2011). *SIRIUS: Sistema de Evaluación de la Usabilidad Web Orientado al Usuario y basado en la Determinación de Tareas Críticas.*

W3.org. (2017). *How to Meet WCAG 2.0.* Retrieved from A customizable quick reference to Web Content Accessibility Guidelines (WCAG) 2.0 requirements (success criteria) and techniques: *https://www.w3.org/WAI/WCAG20/quickref/*

Wendy W. Moe, Peter S. Fader. (2004). *Capturing Evolving Visit Behavior in Clickstream Data.*

Whiteside J, Bennett J, Holtzblatt K. (1988). *Usability engineering: Our experience and evolution.*

Wikipedia. (2017). *Esqueumorfismo*. Obtenido de Diseño Diseño industrial: *https://es.wikipedia.org/wiki/Esqueumorfismo*

Wikipedia. (2017). *H.264/MPEG-4 AVC*. Obtenido de Códecs de vídeo, Normas ISO, Normas IEC, Recomendaciones ITU-T: *https://es.wikipedia.org/wiki/H.264/MPEG-4_AVC*

Wikipedia. (2017). *Heat Map*. Retrieved from Molecular biology, Gene expression, Bioinformatics, Usability, Visualization (graphic), Color scales: *https://en.wikipedia.org/wiki/Heat_map*

Wikipedia. (2017). *Heurísticas de Nielsen*. Obtenido de Heurística, Algoritmos: *https://es.wikipedia.org/wiki/Heur%C3%ADsticas_de_Nielsen*

Wikipedia. (2017). *Hick's law*. Retrieved from Human–computer interaction, Experimental psychology: *https://en.wikipedia.org/wiki/Hick%27s_law*

Wikipedia. (2017). *Interacción persona-computadora*. Obtenido de Interacción persona-ordenador: *https://es.wikipedia.org/wiki/Interacci%C3%B3n_persona-computadora*

Wikipedia. (2017). *Interfaz de usuario*. Obtenido de Interfaz de usuario, Comunicación técnica: *https://es.wikipedia.org/wiki/Interfaz_de_usuario*

Wikipedia. (2017). *Ley de Fitts*. Obtenido de Interacción persona-ordenador, Leyes epónimas, Ciencia de 1954: *https://es.wikipedia.org/wiki/Ley_de_Fitts*

Wikipedia. (2017). *Principio de Pareto*. Obtenido de Microeconomía, Principios estadísticos, Leyes epónimas: *https://es.wikipedia.org/wiki/Principio_de_Pareto*

Wikipedia. (2017). *Prueba unitaria*. Obtenido de Pruebas de software: *https://es.wikipedia.org/wiki/Prueba_unitaria*

Wikipedia. (2017). *Psicología de la Gestalt*. Obtenido de *https://es.wikipedia.org/wiki/Psicolog%C3%ADa_de_la_Gestalt#Principio_de_la_semejanza*

Wikipedia. (2017). *Psicología del color*. Obtenido de Percepción: *https://es.wikipedia.org/wiki/Psicolog%C3%ADa_del_color*

Wikipedia. (2017). *Regla de los tres clics*. Obtenido de Diseño web: *https://es.wikipedia.org/wiki/Regla_de_los_tres_clics*

Wikipedia. (2017). *Synchronized Multimedia Integration Language*. Obtenido de World Wide Web Consortium standards, XML-based standards, Open formats: *https://en.wikipedia.org/wiki/Synchronized_Multimedia_Integration_Language*

Wikipedia. (2017). *Test A/B*. Obtenido de Estudios de mercado, Experimentación, Pruebas de software: *https://es.wikipedia.org/wiki/Test_A/B*

Wikipedia. (2017). *Usabilidad*. Obtenido de Usabilidad, Diseño industrialm, Desarrollo web: *https://es.wikipedia.org/wiki/Usabilidad*

Wikipedia. (2018). *Codecs de audio*. Obtenido de Software de audio, Códecs: *https://es.wikipedia.org/wiki/Categor%C3%ADa:C%C3%B3decs_de_audio*

Wikipedia. (2018). *Digital Equipment Corporation*. Obtenido de Empresas de informática, Empresas de Unix: *https://es.wikipedia.org/wiki/Digital_Equipment_Corporation*

Wikipedia. (2018). *Pruebas Alpha*. Obtenido de Pruebas de software, Gestión de la calidad, Análisis de software: *https://es.wikipedia.org/wiki/Pruebas_alpha*

Wikipedia. (2018). *Pruebas Beta*. Obtenido de Pruebas de software,Gestión de la calidad, Análisis de software: *https://es.wikipedia.org/wiki/Pruebas_beta*

World Wide Web Consortium. (2018). *W3C*. De *https://www.w3.org*

Títulos de la colección

www.ingramcontent.com/pod-product-compliance
Lightning Source LLC
LaVergne TN
LVHW061221100826
845148LV00004B/815

* 9 7 8 1 6 8 1 6 5 6 9 5 3 *